日本関東的鐵道散步

電車弘 文・攝影

U0005339

作者序

一張 PASS 走遍關東

　　近年來，臺灣民眾每年前往日本旅遊的人次占比，大約會落在 15%，且因近一、兩年日圓大幅度的滑落，以民國 102 年內政部移民署的統計，每 100 位出國人次中，就有超過 20 人次的目的地是前往日本，加上日本當局為提振觀光產業，不惜成本直接來臺灣宣傳。另一方面，由於日文漢字對於臺灣民眾來說不陌生，以直覺來看也能大概知道代表的意義，就算是猜錯了，對著日本人說英文、比手畫腳也可以讓對方知道想表達的簡單意義。雖然還是會碰到一聽到英文，就說聲「謝謝」走掉的日本人，但也別氣餒，只能期望好心人多多幫忙，畢竟這也是旅途中的一部分。

　　日本是個鐵道系統很發達的國家，尤其以東京為中心向外圍輻射狀的路網，平日將大量的上班族輸送至東京市中心，假日再將大量觀光客從東京輸送至關東或更遠的區域。筆者有幸在關東這一帶待了很長一段時間，利用各家鐵道系統搭配各種一日票券、針對外國遊客的 PASS 票券，跑遍關東大部分的地方，也花了很多時間走訪外國遊客比較少到的地點，或許也是感覺在日本的時間比較珍貴，不多走訪一些地方就對不起自己吧！關東地區最吸引觀光客的景點，有著名的老街城市小江戶

「川越」、直達天際的「晴空塔」觀景臺、人人心目中的夢幻迪士尼樂園、新宿車站周邊的百貨公司群等。但這些熱門景點都集中在東京周圍，因此本書除了東京都23區以外，還以關東各縣為主要目標，加以介紹日本人或外來觀光客較常去的點，讓讀者只要手持一張PASS，就足以走遍關東。

以往我來訪日本之前，總是會先在網路上找尋所有相關資料；隨著訪日次數變多，行程也變得比較隨興，想去哪邊就去哪邊，沒去過的地方下次就有藉口再度來訪，但是這不代表本書讀者也能如此，畢竟來日本時間不多，只能以重點式規劃，從來回機票的訂購、住宿地點的挑選、預算的多寡到想要去的地點與目的，都要細心安排。當然，規劃了一堆行程，也要考量體能狀況，太貪心多跑一兩個點卻落得走馬看花，搞得疲累也得不到任何體驗，這是旅途中最可惜的事情。

不論是旅日的老手、或者是在日本定居、甚至是連日本都沒有踏入過的「初心者」（新手），希望都能從這本書獲得一些我想跟各位讀者表達的心得，或是交流一些您所沒有想到過的事。

電車弘

目錄 contents

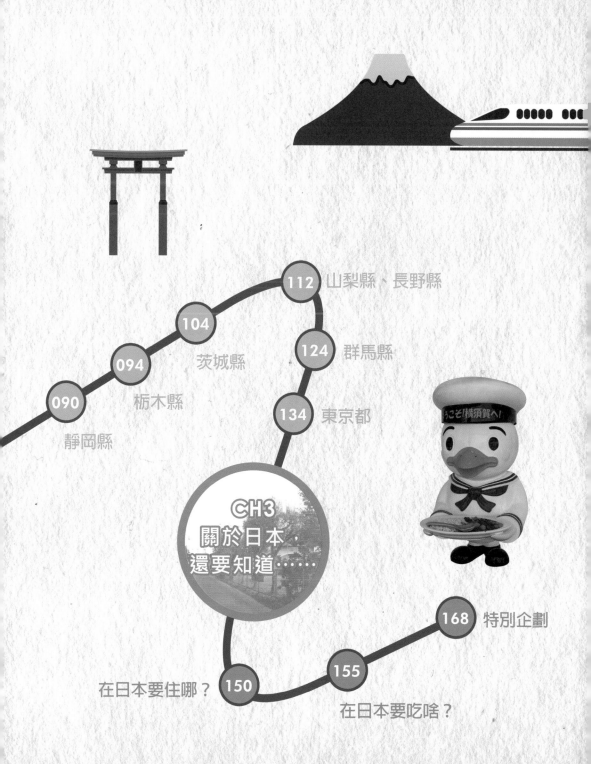

CH1

出
日

發
本

去
前

關於日本

＊日本小檔案

國名：日本（JAPAN）

行政區：共有 1 都、1 道、2 府和 43 縣。關東地區為 1 都 6 縣，
分別為東京都、神奈川縣、千葉縣、埼玉縣、茨城縣、栃木縣及群馬縣

人口數：總人口約 1 億 2,691 萬人，關東地區內約 4,250 萬人

面積：37 萬 423.9 平方公里

時差：比臺灣快 1 小時（GMT+9）

匯率：日圓兌臺幣約為 1：0.25（2015 年 6 月）

　　日本位居歐亞大陸的東部、太平洋西部，國土完全被海包圍，不與其他國家的陸地相連，主要由四大島嶼構成，分別為本州、四國、九州、北海道，本書所介紹的關東地區位於本州島，是日本最大也最主要的島嶼。

　　本州島從東北向西南延伸全長約 1,300 公里，島嶼最中間是日本最大的關東平原，首都東京也位於此，在此區域內皆為平原，僅少數丘陵地，成為日本人口最密集區。關東地區以東京為中心，經由多條鐵路線前往區域內各地相當方便。

奧多摩町　青梅市

高尾山

立川市

小金井市

三鷹市

東京都

羽田機場

栃木縣

中禪寺湖　日光　袋田瀑布

群馬縣

碓冰峠　富岡製系場　宇都宮　水戶

日立海濱公園

笠間神社

埼玉縣　春日部

川越

茨城縣

鹿島神宮

秩父

大宮鐵道博物館

東京迪士尼

成田機場

銚子

相模湖

橫濱

千葉港塔

神奈川縣

藤澤

小田原城

鎌倉

千葉縣

御宿

館山

北海道

東北

信越

北陸

關東

長野

山梨

靜岡

東海

中國

近畿

四國

九州

輕井澤

長野縣

山梨縣

富士山

靜岡縣

城崎海岸

下田

F.R.AE

複雜的鐵路路線

　　日本關東的主要鐵路幹線過去由國家經營，隨著行政機關的大力改革，原本由日本國鐵經營的路線，轉為民營化 JR 鐵道公司，關東區域內的 JR 路線由 JR 東日本承接並營運。

　　另一方面，除了龐大的 JR 路線，日本也有其他民營鐵道事業，俗稱「大手私鐵」，以下一一介紹與本書景點有關的關東地區私鐵路線：

· **東武鐵道**：在關東區域內有兩條主要路線，分別以淺草為中心營運的東武本線，與另一條以池袋為中心營運的東上線。

· **西武鐵道**：也有兩條主要路線，池袋←→秩父間的池袋線與西武新宿←→本川越間的新宿線，兩線在埼玉縣的所澤車站交叉。

· **京成電鐵**：主要經營上野至成田機場的本線，另一路線則是與京濱急行電鐵、都營地下鐵淺草線「直通運轉」＊的機場快線，運行於成田與羽田機場。

- **京王電鐵**：以新宿為中心營運的京王線，也有與東京都內的電車都營新宿線直通運轉的班次。
- **東京急行電鐵**：以涉谷為中心營運的東橫線，與東京都內的電車東京地下鐵、東武鐵道、西武鐵道、橫濱高速鐵道的路線相連，直通運轉。
- **京濱急行電鐵**：以品川為中心營運的京急本線，與東京都內的電車都營地下鐵淺草線、京成電鐵相連結。
- **小田急電鐵**：以新宿為中心營運的小田原線，與分支的江之島線。

＊直通運轉：指兩家以上不同的公司，為了擴大營運範圍，而將列車行駛到對方的軌道路網，形成共同排班、共同經營、路線延伸的情形。

JR 關東地區通票
JR KANTO AREA PASS

　　原本旅遊關東時，最適合的鐵路票券為「JR 東日本通票」（JR EAST PASS），但 2011 年的 311 大地震後，前往關東地區的外國遊客大幅減少，JR 東日本通票的銷售量連帶也降低；因此，為刺激關東地區的觀光發展，「JR 關東地區通票」便應運而生，以較低的價格與使用天數來吸引外國觀光客至關東區域旅遊。本書所有內容即以此通票為中心，針對觀光方面加以介紹。

　　原本的 JR 東日本通票除了關東地區外，還包括日本東北六縣，使用期限為連續 5 天使用。JR 關東地區通票則是適用於東京或周邊各縣，包含橫濱、靜岡、長野、山梨、埼玉、群馬、千葉、茨城、栃木等統稱關東地區一帶的優惠票，在票券使用日起連續 3 天內可乘坐新幹線、特急、快速、普通列車的指定座席，使用期間為您指定的第一天至第三天的晚上 12 點止；與此相應，JR 東日本通票改為可在 14 天內任選 5 天。此外，JR 關東地區通票並未限制新幹線與特急列車指定席的

劃位次數，在時間內都可自由預約指定席，但也別因為想壓榨車票的價值，而產生過多的車票與搭乘時間，導致能放鬆旅行的時間減少，反倒得不償失。若您因時間緊急而無法立即劃位，也可以乘坐新幹線與特急列車的自由座席，唯某些特急列車被設定為全車指定席，需先行劃位始得乘坐。

　　JR 關東地區通票與其他現行各 JR 公司所發行的外國人專用通票，最大的不同點在於 JR 關東地區通票只需要一本護照，不論您是觀光客、或是長期居留的留學生，或者長期在日本工作者，都能輕鬆購買。也不需要提前在海外購買兌換券，下飛機後直接於 JR 指定地點購買即可。

· **通票價格：** 大人 8,300 日圓，6 至 11 歲兒童 4,200 日圓

· **注意事項：**

　☆ 購買通票後，車票有效期限不得變更。

　☆ 於有效期限內，未經使用過的通票，經確認無誤後始得退票，且需支付手續費。

　☆ 搭乘時車內查票工作人員有可能要求出示護照，故請隨身攜帶。

　☆ 遺失通票，不得補發。

銷售點

地點（旅行服務中心／ JR 售票處）		時間	備註
成田機場	第一航廈	6:30~21:45	
	第二航廈		
羽田機場國際線航廈		7:45~18:30	
東京車站丸之內北口		7:30~20:30	
上野車站中央口		10:00~20:00	
池袋車站西口			
新宿車站東口			假日僅服務至 18:00
涉谷車站			
品川車站			
橫濱車站			假日僅服務至 19:00

JR 關東地區通票

使用路線

可搭乘的鐵道路線

- JR 東日本各線
- 東京單軌電車全線（濱松町 ←→ 羽田空港）
- 伊豆急行線全線（伊東 ←→ 伊豆急下田）
- 富士急行線全線（大月 ←→ 河口湖）
- 上信電鐵全線（高崎 ←→ 下仁田）
- 埼玉新都市交通（大宮 ←→ 鐵道博物館）
- 東武鐵道（栗橋 ←→ 東武日光）：如下詳細說明

  ※ 在東武鐵道的路線內，僅准搭乘 JR 東日本與東武鐵道相互營運的特急列車，東武鐵道營運的特急列車不可搭乘（起、終點為淺草），請特別注意。

  ※ 東武鐵道下今市 ←→ 東武日光間、下今市 ←→ 鬼怒川間可搭乘普通或快速列車

JR 線與東武鐵道直通運轉的路線圖

JR 關東地區通票路線圖

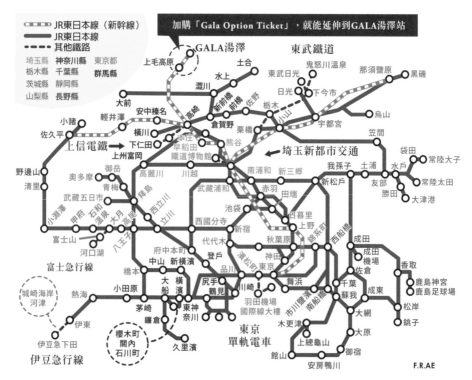

不可乘坐的列車或路線	東海道新幹線	
	東北新幹線的はやぶさ（HAYABUSA）、こまち（KOMACHI）	
	各特急列車、新幹線的 Green 或 GranClass 座席	
須另行支付費用的列車	富士急行線	富士山特急展望座
		富士登山電車座席券

可搭乘的特急系統

需注意！凡是全車指定席的特急列車，需先行劃位始得乘坐。

東北新幹線

· はやて（HAYATE）：全車指定席，往仙台方向，持 PASS 者僅能搭乘東京 ↔ 大宮。
· やまびこ（YAMABIKO）：東京往仙台方向，持 PASS 者僅能搭乘東京 ↔ 宇都宮。
· なすの（NASUNO）：東京往那須鹽原。

列車種別	主要停靠站						終點
	東京	上野	大宮	小山	宇都宮	那須鹽原	
はやて	●	●	●	→	→	→	仙台
やまびこ	●	●	●	△	●	△	
なすの	●	●	●	●	●	●	那須鹽原
延伸景點			轉乘埼玉新都市交通可抵達大宮鐵道博物館	轉乘兩毛線可抵達佐野吃拉麵；轉乘水戶線可至笠間神社、偕樂園	轉乘日光線可抵達日光之神社	分布於山麓的溫泉	

●：停車　△：部分班次停靠　→：不停靠

1.2.3.4 東北新幹線車輛

北陸／上越新幹線

　　若列車名前冠上 MAX，表示為雙層車輛。

- かがやき（KAGAYAKI）：全車指定席，東京往金澤方向，持 PASS 者僅能搭乘東京 ←→ 大宮。
- はくたか（HAKUTAKA）：東京往長野方向，持 PASS 者僅能搭乘東京 ←→ 佐久平。
- あさま（ASAMA）：東京往長野方向，持 PASS 者僅能搭乘東京 ←→ 佐久平。

列車種別	主要停靠站						終點
	東京	上野	大宮	高崎	輕井澤	佐久平	
かがやき	●	△	●	→	→	→	金澤
はくたか	●	●	●	△	△	△	
あさま	●	●	●	●	●	●	長野
延伸景點			轉乘埼玉新都市交通可抵達大宮鐵道博物館	轉乘上信電鐵可抵達富岡製糸場	舊三笠賓館、輕井澤王子購物城	可轉乘小海線高原列車	
●：停車　△：部分班次停靠　→：不停靠							

- たにがわ（TANIGAWA）：東京往越後湯澤、GALA（ガーラ）湯澤，持 PASS 者僅能搭乘東京 ←→ 上毛高原。
- とき（TOKI）：東京往新潟方向，持 PASS 者僅能搭乘東京 ←→ 上毛高原。

列車種別	主要停靠站						終點
	東京	上野	大宮	高崎	越後湯澤	GALA 湯澤	
（Max）たにがわ	●	●	●	●	●	●	越後湯澤 GALA 湯澤
（Max）とき	●	●	●	●	△	→	新潟
延伸景點			轉乘埼玉新都市交通可抵達大宮鐵道博物館	轉乘上信電鐵可抵達富岡製糸場	滑雪場	滑雪場，車站僅於滑雪季期間開放	
●：停車　△：部分班次停靠　→：不停靠							
搭配 Gala Option Ticket 可延伸之範圍							

冬季滑雪限定！搭新幹線直達 GALA 湯澤滑雪場

　　需搭配 JR 關東地區通票一同使用，價格 1,000 日圓。通常每年底的 12 月 20 日至隔年 5 月 6 日期間，GALA 湯澤滑雪場會開放遊客滑雪，開放期間可另行購買 Gala Option Ticket，使用範圍從上越新幹線上毛高原延伸至 GALA 湯澤，劃位可直接從東京至 GALA 湯澤，不需分段劃位。需注意：

· 通票為上毛高原至 GALA 湯澤的來回車票。
· 發售時僅限指定 1 日使用，在 JR 關東地區通票使用期間內只要乘車日不重複，即可購買多張車票。
· 可於越後湯澤上下車，出站時站員會要求出示 JR 關東地區通票並回收此車票。
· 上越線土合站至越後湯澤站為 JR 關東地區通票使用範圍之外，不可搭乘。

1.2 北陸／上越新幹線車輛
3 Gala Option Ticket 來回車票

房總地區

- 成田エクスプレス（NARITA EXPRESS）：全車指定席，成田機場經由東京往新宿、大宮或大船。
- しおさい（SHIOSAI）：東京經由總武本線往銚子。

列車種別	主要停靠站					
	東京	錦糸町	千葉	成田	成田空港 空港第二 大樓	銚子
成田エクスプレス	●	→	△	△	●	—
しおさい	●	●	●	—	—	●
延伸景點			轉乘抵達 千葉塔	成田山新 勝寺	成田機場	銚子電鐵 沿線景點

●：停車　△：部分班次停靠　→：不停靠　—：不經過該車站

- ささなみ（SASANAMI）：東京經由京葉線往內房線君津，平日行駛。
- 新宿ささなみ（SHINJUKU SASANAMI）：新宿經由總武線往內房線館山，假日行駛。

列車種別	新宿 秋葉原	錦糸町 船橋 津田沼	千葉	東京	蘇我	五井	木更津	濱金谷	館山
ささなみ	—	—	—	●	●	●	●	—	—
新宿 ささなみ	●	●	●	—	●	●	●	●	●
延伸景點					轉乘小 湊鐵道		轉乘巴士 至三井 OUTLET 木更津	搭乘東 京灣渡 輪往久 里濱	館山城 公園

●：停車　—：不經過該車站

・わかしお（WAKASHIO）：東京經由京葉線往外房線安房鴨川。
・新宿わかしお（SHINJUKU WAKASHIO）：新宿經由總武線往外房線安房鴨川。

列車種別	新宿 秋葉原	錦糸町 船橋 津田沼	千葉	東京	蘇我	大原	御宿	鵜原	安房 鴨川
わかしお	―	―	―	●	●	●	●	△	●
新宿わか しお	●	●	●	―	●	●	●	●	●
延伸景點			轉乘可 抵達千 葉塔		轉乘可 抵達千 葉塔	轉乘 夷隅 鐵道	月之 沙漠 紀念館	海中 公園	鴨川 海洋 公園

●：停車　　△：部分班次停靠　　―：不經過該車站

1 成田エクスプレス 2.3 房總地區特急車輛

伊豆半島行
- 踊り子（ODORIKO）：東京經由東海道線往伊豆急下田。
- スーパービュー踊り子（SUPERVIEW ODORIKO）、リゾート踊り子（RESORT ODORIKO）、マリンエクスプレス踊り子（MARINE EXPRESS ODORIKO）：全車指定席，東京經由東海道線往伊豆急下田。

列車種別	東京、新宿	品川	橫濱	大船	小田原	熱海	伊東	伊豆高原	河津	伊豆急下田
踊り子	●	●	●	●	●	●	●	●		●
スーパービュー踊り子										
リゾート踊り子	●	△	●	△	△	●	●	●	●	●
マリンエクスプレス踊り子										
延伸景點			橫濱市區周圍景點	轉乘可前往湘南江之島	小田原城	熱海溫泉	伊東溫泉	轉乘巴士或電車可抵達城之崎海岸	河津的櫻花	寢姿山纜車、下田溫泉

●：停車　△：部分班次停靠

1.2.3 踊り子特急車輛

經由高崎線

・草津（KUSATSU）：上野往萬座‧鹿澤口。

・あかぎ（AKAGI）：上野往高崎或前橋。

・スワローあかぎ（SWALLOW AKAGI）：全車指定席，上野往高崎或前橋。

列車種別	上野	大宮	熊谷	高崎	前橋	長野原草津口
草津	●	●	●	●	—	●
あかぎ スワローあかぎ	●	●	●	●	●	—
延伸景點			轉乘秩父鐵道往秩父	轉乘上信電鐵可抵達富岡製糸場	群馬縣廳	草津溫泉

●：停車　—：不經過該車站

高崎線特急車輛

經由常磐線

- ひたち（HITACHI）：品川、上野往磐城，持 PASS 者僅能搭乘品川 ←→ 高萩。
- ときわ（TOKIWA）：品川、上野往水戶或勝田，停站數較多，持 PASS 者僅能
  搭乘品川 ←→ 高萩。

列車種別	品川	東京	上野	牛久	土浦	友部	偕樂園	水戶	勝田
ひたち	●	●	●	→	△	△	△	●	●
ときわ	●	●	●	●	●	●	△	●	●
延伸景點				牛久大佛	轉乘巴士前往筑波山	轉乘水戶線可前往笠間神社	僅 2-3 月梅花期下行列車停靠	偕樂園／轉乘水郡線可前往袋田瀑布	轉乘巴士前往日立海濱公園

●：停車　△：部分班次停靠　→：不停靠

常磐線特急車輛

經由中央本線

- スーパーあずさ（SUPER AZUSA）：新宿往松本，停站數較少，持 PASS 者僅能搭乘新宿 ←→ 小淵澤。
- あずさ（AZUSA）：新宿往松本，停站數較多，持 PASS 者僅能搭乘新宿 ←→ 小淵澤。
- かいじ（KAIJI）：新宿往甲府，停站數較多。
- はまかいじ（HAMAKAIJI）：橫濱經由橫濱線往松本，假日行駛，持 PASS 者僅能搭乘橫濱 ←→ 小淵澤。

列車種別	橫濱、新橫濱	東京	新宿	三鷹	立川	八王子	大月	石和溫泉	甲府	小淵澤
スーパーあずさ	―	●	●	→	△	●	△	△	●	△
あずさ	―	●	●	△	●	●	△	△	●	△
かいじ	―	●	●	●	●	●	●	●	●	―
はまかいじ	●	―	―	―	―	●	●	●	●	●
延伸景點				宮崎駿博物館	昭和紀念公園		轉乘富士急行線可抵達富士山、河口湖	溫泉區	轉乘巴士可抵達昇仙峽	轉乘小海線沿線

●：停車　△：部分班次停靠　→：不停靠　―：不經過該車站

1.2 中央本線特急車輛

往日光、鬼怒川

- 日光 ／スペーシア日光（SPACIA NIKKO）：全車指定席，新宿經由東武日光線往日光。
- きぬがわ（KINUGAWA）／スペーシアきぬがわ（SPACIA KINUGAWA）：全車指定席，新宿經由東武日光線往鬼怒川。

列車種別	新宿	池袋	大宮	東武日光	鬼怒川溫泉
日光	●	●	●	●	―
きぬがわ	●	●	●	―	●
延伸景點				日光之神社	溫泉觀光區
●：停車　―：不經過該車站					

1.2 往日光的特急車輛

兌換指定席券

　　JR 關東地區通票可以搭乘指定席的座位，所以乘車前必須先向車站內的綠色窗口（みどりの窓口）職員申請劃位，為了減少因溝通上造成不必要的誤會，綠色窗口附近都會有購票申請單與時刻表，將所搭乘的班次、日期與起訖站填入表格內，交出 JR 關東地區通票與申請單即可，職員會一一核對申請單上的車票內容，確認沒問題後就可以放心出發。

購票申請單

關東地區使用範圍相近的車票

　　咦，不是說只要有 JR 關東地區通票，就能搞定一切？

　　沒錯！但為了能讓讀者在行程安排上擁有更多彈性，所以本書特地將關東地區能使用的其他 JR 車票一起納入介紹。只是除了 JR 關東地區通票能隨時使用之外，其他車票都有限定的使用期間，需特別注意。

青春 18 車票　青春 18 きっぷ

青春 18 車票

　　名為「青春 18」，看起來像是年輕人專用的車票，但實際上此車票不限使用年齡，所以也沒有兒童票價。

　　青春 18 票券最大的特點，在於全日本的 JR 線都能使用，但僅限搭乘普通／快速列車；JR 東日本的某些路段可以另外支付費用，搭乘普通／快速列車附掛的 Green 車輛，如需搭乘特急列車或新幹線，此車票無法抵基本車資，需另外全額支付特急列車的車資。此外，可以讓 2 人或 3 人以上，最多 5 人，在一天內使用一張青春 18，例如：有兩個人當天想從東京至仙台旅行，只要在青春 18 蓋上兩格當天的戳章，就可以使用；也可以獨自一人，在使用期間的任意 5 天內使用一張青春 18。

　　青春 18 售價 11,850 日圓，共有 5 格空格，相當於 5 張票價，換算下來一格（一張票）價值 2,370 日圓。使用時需經由人工驗票口（改札口）通過，當天第一次使用時須給站員蓋章；若是多人同行使用一張青春 18 時，站員需核對戳章數與使用人數，相符時始得放行。

青春 18 車票每年每季的發售與使用期間如下：

季節	春季	夏季	冬季
販賣期間	2 月 20 日～3 月 31 日	7 月 1 日～8 月 31 日	12 月 1 日～12 月 31 日
使用期間	3 月 1 日～4 月 10 日	7 月 20 日～9 月 10 日	12 月 10 日～1 月 10 日

北海道 & 東日本 PASS 北海道 & 東日本パス

北海道 & 東日本
PASS

　　若是要在關東旅行超過 7 天以上，除了可以使用兩份共 6 天的 JR 關東地區通票外，對於比較精打細算或時間較多的旅客來說，也可以將北海道 & 東日本 PASS 納入考量。

　　與青春 18 不同的地方在於，本車票僅限於持票者使用，且使用範圍僅限於 JR 東日本與 JR 北海道的所有路線。而與青春 18 相同的是，北海道 & 東日本 PASS 僅限搭乘普通／快速列車，在 JR 東日本的某些路段，可以另外支付費用，搭乘普通／快速列車附掛的 Green 車輛。但如果要搭乘的是特急列車或新幹線，因為這張車票無法抵基本車資，所以需另外全額支付特急列車的車資。

　　北海道 & 東日本 PASS 售價大人 10,290 日圓，6 至 11 歲兒童 5,140 日圓，票券須連續使用 7 天，以全票換算，相當於每天的票價為 1,470 日圓。使用時可經由自動驗票閘門（改札機）插入車票通過。

北海道 & 東日本 PASS 每年每季的發售與使用期間如下：

季節	春季	夏季	冬季
販賣期間	2 月 20 日～3 月 31 日	7 月 1 日～8 月 31 日	12 月 1 日～12 月 31 日
使用期間	3 月 1 日～4 月 10 日	7 月 20 日～9 月 10 日	12 月 10 日～1 月 10 日

休日 PASS 休日おでかけパス

　　此票為 JR 東日本固定在周六、日或例假日、黃金周、暑假與年末年始販賣與使用的車票，使用範圍會略小於 JR 關東地區通票的區域。

　　使用時可經由自動驗票閘門插入車票通過。雖然票價僅略低於 JR 關東地區通票每日使用的價格，但唯一的優點在於此票券可以免費搭乘東京單軌電車與臨海

線，因此使用這張車票的讀者，白天可以前往東京周邊的景點，傍晚回到東京的台場看夜景順便享用晚餐，而不需另外支付車費。對於某些特急班次有行駛的區域，只要另行支付特急指定席或自由席的費用即可搭乘，行程的彈性可增加不少。

以下為此票的詳細說明：

- 售價：大人 2,670 日圓，6 至 11 歲兒童 1,330 日圓
- 發售與使用期間：周六、周日、日本國定例假日
- 特殊期間：黃金周 4 月 29 日～5 月 5 日、暑假期間 7 月 20 日～8 月 31 日、12 月 29 日～次年 1 月 3 日

休日 PASS

※ 圖片中的票價為平成二十六年（西元 2014 年）3 月 31 日前的票價，本書所提示的票價已經修正為平成二十六年（西元 2014 年）4 月 1 日後的新票價。

休日 PASS 路線圖
相關車票比較列表

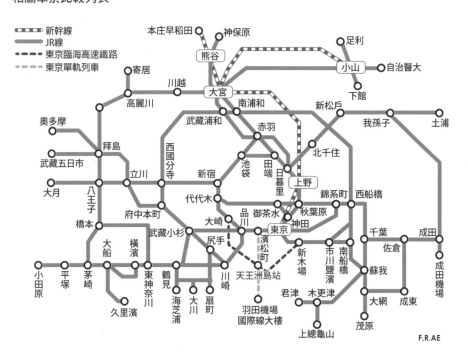

	JR 關東地區通票	青春 18 車票	北海道東日本 PASS	休日 PASS
使用天數	連續 3 天	使用期限內 選擇 5 天	連續 7 天	1 天
成人票價	8,300 日圓	11,850 日圓	10,290 日圓	2,670 日圓
購買地點	特定地點	指定席售票機或綠色窗口		
新幹線／特急	可搭乘	不可搭乘		需另行支付 特急券費用
可搭乘其他公司 鐵道線	東京單軌電車 伊豆急行線 富士急行線 上信電鐵 埼玉新都市交通 東武鐵道日光線	不可搭乘	富士急行線 北越急行線	東京單軌電車 臨海線
使用方式	須經由人工驗票口		自動驗票閘門	

其他票種與搭乘事項

西瓜卡 SUICA

　　SUICA 是一款用於乘車、購物的預付式電子塑膠貨幣。當然，在日本各地使用的儲值塑膠貨幣也能在關東地區使用，在此仍以 JR 東日本發行的 SUICA 作介紹。功能如同臺灣的悠遊卡，僅需輕觸票面感應區，「嗶！」的一聲就能通過驗票口。

　　SUICA 在日本生活的應用層面很廣，舉例說明：隨處可見的自動販賣機、便利商店、連鎖超市、連鎖餐飲店、特急列車內的車內販賣、搭乘巴士與計程車、自動置物櫃等，總之，只要店家備有 SUICA 感應器皆可接受 SUICA 付款。因應日本消費稅調漲的緣故，使用 SUICA 卡將會比購買單程票便宜少許，這是因為車站自動售票機只接受 10 日圓以上的金額，SUICA 則可以精算至 1 日圓；反過來說，也會有某些票價區間使用 SUICA 會比單程票貴上少許。

　　但整體而言，除了省卻攜帶零錢的麻煩之外，也可以省卻購買單程票的操作時間，建議讀者可以攜帶一張 SUICA 作為小額支付工具。

SUICA 相關購買資訊（單位：日圓）

項目	說明
可購買的金額	1,000、2,000、3,000、4,000、5,000、10,000。 購買金額內含 500 押金，使用完畢可退回押金。
可儲值的金額	以 500 或 1,000 為單位，最高儲值上限為 20,000。 僅能使用現金儲值。
乘車注意事項	進站時餘額低於基本票價，將無法刷卡，需在站外自動售票機儲值； 出站時餘額不足，閘門將關閉並發出警示音，需在站內精算機儲值。 ※ 現行 JR 東日本最低票價為 140 日圓
退卡注意事項	只能在 JR 東日本的綠色窗口退卡。 退款時，需扣除餘額 220 元手續費，剩餘款項加上 500 元押金為退款金額； 若卡內餘額少於 220 日圓，僅退還 500 元押金。
其他事項	最後使用日起，連續 10 年未使用的 SUICA 將自動失效。
兒童票	初次購買時，需查驗護照，購買後會在卡片註記使用者姓名。 退卡時，需查驗護照始得退款，其餘使用規定同成人 SUICA。

SUICA

單程票

在日本，除了長途對號列車會常使用到單程車票之外，短距離的移動絕大部分已被 SUICA 或其他的交通儲值卡代替，但單程票仍是最基本的入場券，還是有其存在的必要性。

臺灣火車票價計算方式是以車種為劃分，相同距離依區間車、莒光號或自強號而有不同票價。日本票價計算則拆為兩個部分，分別為乘車券與指定席（或自由席）券，乘車券代表的是從 A 地至 B 地的普通列車基本票價，至於要搭對號列車，必須再另外購買指定席（或自由席）券，所以從 A 地到 B 地搭乘對號列車會有兩張車票；之所以會有這種制度，是因為 JR 各公司的路線互通與距離過長，且途中有可能必須搭乘兩段以上的對號列車才能到達目的地，一張車票可能無法包含所有的乘車內容，故需拆為兩張或以上的車票。

至於購買單程票的方式，短距離的乘車票可以經由乘車券販賣機與指定席販賣機購買，長距離的乘車票只能在綠色窗口購買。

Step 1 先看售票機上方的票價表，找到到達站名的相對應票價。

售票機上方的各到達站車資

Step 2　操作售票機，購買相對應的車票金額。

以到達車站的價格購買車票

Step 3　投入現金與紙鈔，收取車票與找零金。

當然，有些車票也可以從指定席販賣機購買，例如青春 18 車票、北海道 & 東日本 PASS、休日 PASS，使用日期能自由選擇。其他各鐵道公司的售票機操作方式，也是與 JR 相同。

指定席售票機

乘車券售票機

選擇優惠券（おトクなきっぷ）、三種一日券與多日連續券的選項

乘車證

此為路線較偏遠地區，起程站沒有站員與售票設施的特殊證明，用於上車時或到達車站補票證明之用。

振替乘車券

行進途中發生事故時，因為現有的鐵道無法到達票券上的目的地，即可向站員索取此證明，轉由搭乘其他鐵道公司的路線，繼續前往目的地。但此乘車券的乘車對象，不適用於 SUICA 等儲值票券，因票面上不會顯示「終點」，無法證明搭乘的目的地，請讀者注意。

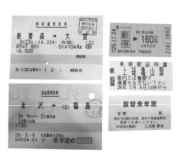

單程票、（新幹線）特急券、乘車證、振替乘車券

單人運轉 ワンマン

偏遠地區的鐵道路線，因為搭乘人數較少，所以鐵道員必須兼任收取票價的業務制度，算是人力縮減下的產物。搭乘時也必須注意各鐵道公司的規範，從起點上車到終點下車，會有以下的順序：

Step 1 從指定的入口乘車，從整理券的機器取票。

Step 2 到達目的地時，對應手中整理券與票箱上方的票價表號碼，準備對應的車資。

Step 3 將車資與整理券投入票箱中。一般來説，票箱旁都會有兌換零錢的機器，但絕大部分只接受千元鈔，所以出門在外時，盡量多準備千元鈔以備不時之需。

1 抽取整理券 2 票箱與上方的對應票價表 3 單人運轉的乘車須知

🚋 車站實用設施

置物櫃

出外旅遊，難免會碰到手上大包小包的情況，在關東區域內的主要車站、東京都內的車站，都有自助寄物櫃可供使用。日本國內的寄物櫃都是統一規格，在各車站也都是統一價位，小型（寬 34 x 高 40 x 深 57 cm）300 日圓、中型（寬 34 x 高 55 x 深 57 cm）400 日圓、大型（寬 34 x 高 84 x 深 57 cm）500 日圓、特大型（寬 34 x 高 103 x 深 57 cm）600 日圓，除了小型的置物櫃比較常見之外，中型、大型、特大型的置物櫃只有主要車站才有，要寄放像是行李箱等大型物品，可要先留意。

自助寄物櫃

計費方式通常是以一天的第一班車至最後一班車的時間為主，有的會以一天 8 小時為一個計費單位，超過時間未取出時會自動再計算費用，超過 3 天時會被取出保管，要特別留意。自助寄物櫃只收 100 日圓零錢，僅少數的寄物櫃可利用 SUICA 付費。

免費 Wi-Fi

　　JR 東日本在東京都內的主要車站增設免費的無線網路服務。在連上 JR-East_FREE_Wi-Fi 的網路之後，開啟任何一網頁便會自動轉換到 JR-East 的網路頁面，可選擇中文或英文介面，然後輸入自己的 E-mail 網址（並勾選同意），下次登錄時享有免費上網 3 小時／ 1 天的服務。

　　目前提供免費 Wi-Fi 的車站包括：成田空港（Narita Airport Terminal-1）、空港第二大樓（Narita Airport Terminal-2）、羽田空港（Haneda Airport International Terminal）、舞濱（Maihama）、東京、神田、秋葉原、御徒町、上野、池袋、新宿、代代木、原宿、涉谷、田町及濱松町等車站。

關東鐵道

　　前文有稍微提到關於 JR 東日本與其他民營鐵道的路線，按涵蓋率來說在關東地區內，JR 東日本的路線理所當然最密集，但是越靠近東京都心，民營鐵道的比重也越高。在一些與 JR 重疊路段的民營鐵道，票價會比 JR 線來得便宜，也僅限於都會區的路段。

　　會有這麼多的鐵路路網，起因於各家鐵道公司的多角化經營，如最基本的百貨公司、旅行社等與鐵道直接相關連的產業，再進一步拓展至職棒球團經營、房地產事業、旅館、動物園、滑雪場等；經營者受限於路線範圍，而無法向外擴張營運，便以「直通運轉」的經營模式，兩方經營者將各自的鐵道車輛由自家線路跑至對方的線路範圍，不僅將旅客直接送往更遠的目的地，也將對方公司的旅客帶進自家的地盤內，創造更多的商業收入。

　　以下是關東地區內，JR 線與民營鐵道線重複的路段，分別是成田／羽田空港往返東京市區路段、神奈川縣與 JR 東海道本線重疊的路段、東京都心往川越市的路段、新宿至高尾山的路段，以及東京都心往日光的路段。

成田／羽田機場往返東京市區

　　先由成田機場（空港）／羽田機場（空港）與東京都心的交通說起，鐵道路線交由 JR 東日本、京成電鐵、都營地下鐵淺草線與京濱急行電鐵共同聯營。JR 東日本的路線從成田機場直達東京、品川、澀谷、新宿、池袋、橫濱，搭配 JR 東日本關東地區通票，另搭乘成田特快會舒適許多；另一方面從羽田機場搭乘單軌電車至濱松町，與 JR 的山手線連結，是主要的交通路線。

　　至於京成電鐵等聯營業者的交通分為兩個部分，第一為京成電鐵，由成田空港往上野的京成本線特急（非對號車輛），與經由北總線的 SKYLINER（對號車），時間上的差距各為 75 與 40 分鐘；第二為三家聯營業者經營的路線，由成田機場至東京的淺草、新橋、品川，再由京濱急行電鐵的路線至羽田機場，主線上以停站數目較少的非對號車輛，主打兩機場間免換車的運輸工具。

　　以下表格為兩機場間至下列主要地點的時間表與車資，供讀者參考。除了成田特快的車資，以下情況都是使用 SUICA 卡所花費的車資，若是購買單程票，請將票價四捨五入至 10 日圓單位進位。

起站	目的地	搭乘交通工具	花費時間	日圓車資	備註
成田空港	上野	京成 SKYLINER	43 分	2,465	對號列車
		京成本線特急	1 小時 20 分	1,025	
	淺草	京成 ACCESS 特急	58 分	1,276	
	東京	JR 成田特快	1 小時	3,217	對號列車
羽田空港	濱松町	東京單軌電車	14 分	483	
	品川	京急 AIRPORT 快特	12 分	407	
	淺草		32 分	614	

成田機場往返東京市區路線圖

神奈川縣與 JR 東海道本線

　　從東京新宿至神奈川縣小田原這一段路程，即是 JR 湘南新宿線，與小田急電鐵、東急東橫線算是平行的兩條路段。

　　由於神奈川縣在日本的人口數僅次於東京都，也是衛星都市之一，在這裡的鐵道線路也複雜許多。若從 JR 新宿車站同時出發，第一個會相互交叉的點是橫濱車站，與東急東橫線／港未來線交會；第二交叉點為藤澤車站，與小田急江之島線交叉；第三交叉點為小田原車站，與小田急小田原線交叉。至於 JR 東海道線的部分，自品川至橫濱路段，與京急本線相互平行。以下則為神奈川縣內各鐵道路線所花費的時間與車資：

起站	目的地	搭乘交通工具	花費時間	日圓車資
新宿	小田原	小田急快速急行	1 小時 30 分	874
		JR 湘南新宿線特別快速	1 小時 15 分	1,490
	藤澤	小田急快速急行	57 分	586
		JR 湘南新宿線特別快速	50 分	972
涉谷	橫濱	東急東橫線特急	26 分	267
		JR 湘南新宿線特別快速	25 分	388
品川	橫濱	京急本線快特	17 分	298
		JR 東海道線各停	17 分	288

神奈川縣與 JR 東海道本線路線圖

—— 小田急本線（江之島線）
—— 東急東橫線
—— 京急本線
—— JR東海道線

東京都　國分寺　　　　　上野
　　　　　三鷹　　新宿　東京
　　　　　　　　涉谷　（品川）
八王子

高尾山
　　相模原　　　　　　　　　羽田
　　　　　　　　　　　　　機場
　　　　　　　　　　　　　↑
　　　　　　　　　　川崎　多摩川
　　　　　　　新橫濱　　　東京灣
神奈川縣
　　　　　　　　橫濱

　　　　　藤澤
　　　　　　鎌倉　　　橫須賀港
　　湘南海岸　　　　　橫須賀
小田原

　　　　相模灣　　　F.R.AE

東京都心往川越市

　　至於新宿往川越的鐵道路線，則有三條鐵道路線互相平行，分別為 JR 埼京線、東武東上線（池袋發車）、西武新宿線，若是以直線的角度來説，搭乘東武東上線是最佳的選擇，但從 JR 山手線以外各地車站前往川越，搭乘 JR 的線路理所當然較方便。以下則為各鐵道路線所花費的時間與車資：

起站	目的地	搭乘交通工具	花費時間	日圓車資
池袋	川越	東武東上線急行	30 分	463
		JR 埼京線快速	50 分	669
新宿	川越	JR 埼京線快速	55 分	756
西武新宿	本川越	西武特急小江戶（對號列車）	46 分	914
		西武急行	58 分	494

東京都心往川越市路線圖

新宿至高尾山

　　新宿往高尾山的鐵道路線，分別由 JR 中央線與京王線相互營運，但搭乘 JR 的缺點在於只能搭至高尾站，需再轉乘京王線至高尾山口，若搭乘短途 JR 前往高尾山會比較不划算，也沒有搭配高尾山的纜車套票，這點京王電鐵就相對的有優勢，以下是兩種鐵道路線的比較：

起站	目的地	搭乘交通工具	花費時間	日圓車資
新宿	高尾山口	京王準特急	54 分	381
	高尾	JR 中央線中央特快	45 分	550

新宿至高尾山路線圖

東京都心往日光

　　往日光的鐵道路線，分別由 JR 線與東武鐵道線相互平行營運，由於至日光的交通時間稍微較長，且選擇性較多，故筆者整理出一般常用的交通方式，如下表所列示：

起站	目的地	搭乘主要交通工具	中途換車點	花費時間	備註
新宿	日光	特急日光	X	2 小時	使用 JR 關東通票
		特急鬼怒川號	下今市	2 小時	
東京		新幹線	宇都宮	1 小時 50 分	
淺草		東武鐵道快速、區間快速	X	2 小時 20 分	使用全日光周遊券日光 2 日周遊券
		東武鐵道特急 (けごん)	X	1 小時 50 分	
		東武鐵道特急 (きぬ、きりふり)	下今市	1 小時 50 分	

以下再介紹往日光各通票的比較表

使用的通票	使用期間	價格	可搭乘特急車輛	可搭乘巴士範圍
JR 關東通票	3 日	8,300	O	X
全日光周遊券	4 日	4,520	需 另 行 購 買 特 急 券 淺草至東武日光單程 平日 1,080，假日 1,160	日光車站 ←→ 西參道
日光 2 日周遊券	2 日	2,670		日光車站 ←→ 湯元溫泉 包含中禪寺與華嚴瀑布

　　只想在日光地區待一天的讀者，建議使用 JR 關東地區通票，將其他兩天的通票額度移至其他地區使用，但搭乘日光地區的巴士必須另行購票，至東照宮附近單趟為 310 日圓。

　　其餘兩套周遊券皆為東武鐵道公司發行，適合在日光或鬼怒川地區停留兩天以上的讀者使用，由於周遊券只能搭乘快速以下之車輛，搭乘特急車輛必須另行購買特急券才能搭乘，另外，2 日周遊券的巴士只能搭乘至東照宮附近的景點，搭乘至更遠的點如華嚴瀑布需另行支付車資，也請多加留意。此通票與 JR 關東地區通票相同，東武鐵道的下今市至日光、鬼怒川間均可以自由上下車。

東京都心往日光路線圖

―― JR與東武聯營線
―― 東武日光線
―― JR東北新幹線
　　 JR日光線

日光

宇都宮

栃木縣

船橋

東京　　江戶川

F.R.AE

以上即為各重疊區間的介紹，且以運行時間最快的列車為基準點，不需轉乘，唯各時段運行列車時刻仍有些許差異，若該時段沒有可直達的班次，還是要以轉乘方式才能繼續行程，故行程確認前請再詳細檢查時刻表。由上列表格可知，私鐵票價相對於 JR 票價較便宜，但是各家鐵道都有固定地域性，故在追求票價極小化的同時，也需要考慮不同鐵道公司間所轉乘的時間成本。

本書雖然以 JR 東日本的路線為主軸，但是難免會有一些情況，導致列車停駛或延誤，而需改乘其他鐵道公司的路線或巴士，上章節所敘述的振替乘車券，在這種情況下就可以發揮作用。之前簡單的路線說明，希望能讓讀者了解一些替代方案，畢竟旅途中很有可能會發生許多意想不到的突發事件。

經由前面兩章節對於 JR 關東地區通票與鐵道路線都有基本了解後，讀者也可以仔細的精算票價，研擬出最佳的行程計畫，準備好後就可以繼續往下，了解各處的知名景點。

1 東京車站 2 新宿車站 3 上野車站

CH2

關東 かんとう 鐵道各站

神奈川縣

＊更多著名景點

橫濱八景島：搭乘JR根岸線至新杉田站，轉乘シーサイドライン至八景島站。

箱根湯本：搭乘小田急線直達，或在JR小田原站轉乘。

　　全日本僅次於東京都，為人口第二多的主要縣市，中心城市橫濱距離東京車程僅約 25 分鐘。人口密集區在東京灣沿岸部分，觀光區主要分為兩大區塊，分別為橫濱市區與有「湘南」之稱的鎌倉、藤澤一帶。

　　因為地理與歷史因素，使得橫濱擁有了日本、中國、西洋三種風格的地區，在這裡高樓林立，晚上的時候站在觀景臺，欣賞美麗的橫濱夜景是個很好的選擇。

鎌倉・江之島主題票券

在介紹鎌倉・江之島的行程前，必須先知道以下的一日遊票券。

江之電一日乘車券 江ノ電一日乘車券

江之電發行，此票券較適合已購買 JR 關東地區通票的旅行者使用。

· 網址：www.enoden.co.jp
· 票價：大人 600 日圓，兒童 300 日圓；單程票最低參考票價大人 190 日圓，兒童 100 日圓

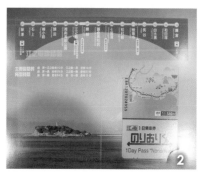 

1 橫濱海洋塔夜景
2 江之電一日乘車
券 3 江之電電車

江之島・鎌倉周遊券 江の島 鎌倉フリーパス

小田急電鐵發行。此票券較適合從新宿出發，尚未購買 JR 關東地區通票的旅行者使用，以藤澤為起點進行旅遊，已包含江之電一日乘車券的費用。

· 票價：大人 1,470 日圓，兒童 740 日圓

鎌倉・江之島通票 鎌倉 江ノ島パス

JR 東日本發行。此票券較適合從東京山手線內任意點出發，利用 SUICA 搭乘 JR 東日本的電車前往江之島旅行的一日券，在大船站下車購買，使用效益較高，此票除可無限次搭乘江之電全線外，另可從大船搭乘懸吊電車至湘南江之島，或者大船至藤澤、大船至鎌倉的 JR 線。

· 票價：大人 700 日圓 兒童 350 日圓

江の島 1day パスポート eno=pass

　　江之島一日周遊券。此票券包含江之島電扶梯搭乘費、塞穆爾·科金苑門票、江之島燈臺展望門票、與岩屋洞穴的入場費。有意於江之島深度旅遊時，可購買此張票券，省卻分別購買門票的不便，也較為便宜。

· 票價：大人 1,000 日圓，兒童 500 日圓

江之島 1day 周遊券 江の島 1day パスポート

　　小田急電鐵發行。此票券較適合從新宿出發，且尚未購買 JR 關東地區通票的旅行者使用。旅行地點僅限於江之島一日深度旅遊，票價已包含江之島一日周遊券，不需再另外付費，但需注意的是，搭乘江之電需另行付費。

· 票價：大人 1,970 日圓，兒童 990 日圓

鎌倉·江之島行程安排

一日遊

鎌倉→長谷寺／鎌倉大佛→鎌倉高校前→江之島→藤澤

　　旅行時間約 9 小時，也可以反方向進行。江之島或鎌倉的商店街大部分打烊的時間約為下午 5:00 至 7:00，有買名產需求的讀者要注意時間。

二日遊

第一天：鎌倉→長谷寺／鎌倉大佛→稻村崎→鎌倉高校前，夜宿於江之島

第二天：江之島一日遊，返回東京

　　每天旅行時間約 8 小時。筆者比較建議花兩天的時間在鎌倉、江之島，按本書介紹的所有景點，以悠閒的步伐推估在 14 至 15 小時左右，多出來的時間可以考慮拿去買土產或紀念品。湘南地區較多的商店集中在大船車站內、鎌倉車站東口商店街、江之島大橋往江島神社的上坡路、藤澤小田急百貨店內，若一時沒買到想要的紀念品，直接到上述地點就對了。

鎌倉・江之島沿線景點地圖

—— 小田急線
—— JR東海道線、JR橫須賀線
—— 江之島電鐵線

大船

藤澤

JR東海道線

北鎌倉

石上

本鵠沼

柳小路

錢洗弁財天

鶴岡
八幡宮

佐助稻荷神社

鎌倉大佛
高德院

鵠沼海岸   鵠沼

JR橫須賀線

鎌倉

和田塚

江之島

腰越

長谷寺

由比濱

片瀨江之島

鎌倉高校前   七里之濱

極樂寺

長谷

稻村ヶ崎

江之島

稻村崎
海濱公園

塞穆爾・科金苑

F.R.AE

鎌倉・江之島沿線景點

鎌倉站前

　　鎌倉對於絕大多數的人而言，印象中皆是神社眾多的古城，加上江之電電鐵的加持下，使得這一帶不論什麼時間，觀光客永遠都不在少數。前往鶴岡八幡宮之前，會經過名為「小町通り」的商店街，在這段還不算短的路上，名產店與飲食店林立，

八幡宮前商店街

或許還沒走到鶴岡八幡宮前，手上就已經是大包小包了。不過，既然來了鎌倉，買點戰利品也不為過吧！

鶴岡八幡宮

神社供奉的是應神天皇、比賣神、神功皇后，在十二世紀源賴朝創立鎌倉幕府的時期，在本宮遭受火災之後，重新整修現在的本宮與下宮，現存的本殿是江戶幕府時代的建築物。直至今日，寺內的行事（祭典）仍然不斷持續著，定期的祭祀日為 9 月 15 日，次日則舉行騎射祭神儀式，位於八幡宮下的舞殿，時常會舉行日本式傳統婚禮，深受日本人喜愛。

♡ 網址：www.hachimangu.or.jp
♡ 交通：搭乘 JR 橫須賀線至鎌倉站，自東口步行約 10 分鐘
♡ 開放時間：4 至 9 月 5:00~20:30，10 至 3 月 6:00~20:30

錢洗弁財天

錢洗弁財天即為水神「宇賀福」，相傳用寺內水洗滌金錢之後，財富會日益增多。現在，只需要一個竹籃，將硬幣紙鈔放入籃內，利用水杓取寺內神水，倒入籃內，待金錢自然乾燥後即可達到增加財富的效果。可以開玩笑的說，這裡是合法洗錢的地方，洗再多錢也不會發生什麼事，只要小心別把鈔票洗破了就好。

佐助稻荷神社

穿越充滿異國風味的住宅區來到這裡，沿著石階梯、鳥居而行，映入眼簾的是許多狐狸的石雕像。從前源賴朝被放逐至蛭之小島時，一個自稱「隱里的稻荷」的老人來到他的夢中，勸說源賴朝討伐當時的掌權者平家。故鎌倉幕府建立後，源賴朝就在此建立稻荷神社，由於稻荷幫助過的源賴朝在小時候被稱為「佐助」，故神社名前面被冠上佐助兩字。

1.2 龍貓專賣店展示品 3 醬油軟仙貝 4 鶴岡八幡宮前鳥居 5 鶴岡八幡宮前大道 6 鶴岡八幡宮 7 錢洗弁財天入口 8 傳說中洗後錢會變多的水池 9 弁財天內一景 10.11.12 佐助稻荷神社

錢洗弁財天

- 交通：搭乘 JR 橫須賀線至鎌倉站，自西口步行約 15-20 分鐘
- 開放時間：8:00~16:30

佐助稻荷神社

- 交通：搭乘 JR 橫須賀線至鎌倉站，自西口步行約 15-20 分鐘
- 票價：免費入場
- 開放時間：開放式空間

鐮倉大佛高德院

　　高德院供奉的本尊為阿彌陀如來坐像，原佛像為木造結構，因颱風倒塌毀損。而後另造青銅佛像與佛堂，佛像高 11.3 公尺，重 121 公噸，近年來為對抗地震，不僅加強佛像頭部與頸部的構造，另強化臺座底部間的固定工法。佛像內可進入參拜，一人另加 20 日圓，內部對於當時建造的工法有詳細的介紹，須注意的是，內部樓梯較狹窄、陡峭，且光線較為不足，瀏覽時需注意四周的地形。

♀ 網址：www.kotoku-in.jp
♀ 交通：搭乘江之島電鐵至長谷站，步行約 10 分鐘
♀ 票價：中學生以上 200 日圓，小學生 150 日圓
♀ 開放時間：8:00-17:00，逢 4 月至 9 月延長至 17:30

1 豐島屋名產，「鳩サブレ」餅乾 2 大草鞋 3 大佛像 4 大佛內部 5 長谷寺前 6.7 長谷寺一景 8.9 長谷寺旁山坡與景色

長谷寺

　　長谷觀音的本尊是十一面觀世音菩薩，為日本有歷史記載以來最大的木像。在觀音山境內四季都有種植當季植物，沿著觀音山上的小路，布滿數種不同類別的紫陽花，在山丘上可以遠眺整個相模灣與三浦半島，此景名列在鎌倉八景之一的「長谷的晚鐘」裡。

♀ 網址：www.hasedera.jp
♀ 交通：搭乘江之島電鐵至長谷站，步行約 5 分鐘
♀ 票價：中學生以上 300 日圓，小學生 100 日圓
♀ 開放時間：8:00~17:00，16:30 前需入場，逢 3 月至 9 月延長至 17:30

1

2

3

4

稻村崎海濱公園

　　搭乘江之島電鐵自腰越至稻村崎，沿著七里之濱海行進，就能前往稻村崎海濱公園，在此有些許微微的海風，海象佳時，衝浪愛好者常聚集在此大顯身手。對於日本史而言，這裡曾是知名的古戰場，從公園內的石碑紀綠中可見一斑。天氣良好時，除了江之島本身外，還能看到象徵日本的富士山。

鎌倉高校前

　　知名動畫《灌籃高手》片頭的平交道，就是此處的實景描繪，因此常有大批觀光客遠道而來拍攝實景。車站附近外有著狹長的沙灘，即七里之濱海，夏季時期衝浪好手亦不在少數。

腰越

　　江之電唯一行駛在路面上的區段，此站以後即改成與道路車輛並行的電車，另外在此附近有數座小型寺廟可供參拜。往江之島車站的路途中，因電車會行駛於道路中央，所以路上車輛必須禮讓電車先行通過，形成電車與民用車一同並駛的奇景。

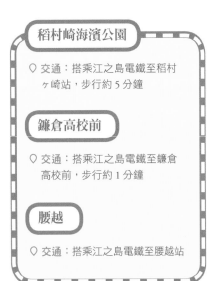

稻村崎海濱公園

📍 交通：搭乘江之島電鐵至稻村ヶ崎站，步行約 5 分鐘

鎌倉高校前

📍 交通：搭乘江之島電鐵至鎌倉高校前，步行約 1 分鐘

腰越

📍 交通：搭乘江之島電鐵至腰越站

江之島

　　有著風光明媚的江之島，不論是搭江之電還是單軌電車，在車上都能看到整座島嶼，下車後沿途會經過細又長的街道後，過江之島大橋，走過熱鬧紛繁、特產店鋪眾多的坡道，入口即是日本三大弁財天之一的江島神社。再深入江之島頂端，除徒步上山之外，也可事先在神社前的售票口購買江之島一日周遊券（P044），乘電扶梯逐步往上，至江之島的塞穆爾·科金苑。

　　塞穆爾·科金是位義大利人，他在江之島頂設置別墅與庭園，庭園另設有磚瓦組成的溫室，種植西歐的植物。因過去的地震造成溫室毀損，磚瓦製成的溫室遺跡近年來逐步修復，現結構為日本唯一的文化保存資產。從苑內海拔101公尺的江之島展望燈臺遠眺，最佳視野如富士山、伊豆大島、三浦半島、湘南海岸線，美麗風景盡收眼底。近年日本夜景遺產事務局已將江之島展望燈臺列為「日本夜景遺產」，夜晚時燈塔散發出七色之光，與夜景相互搭配相當迷人。

⊙ 交通：搭乘江之島電鐵至江之島站，至江之島售票口約15分鐘
⊙ 票價：江之島一日周遊券大人1,000日圓，小學生500日圓
⊙ 營業時間：江之島展望燈臺、塞穆爾·科金苑皆為9:00-20:00，19:30前需入場

5

6

7

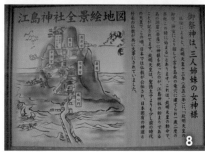

8

1 稻村崎一景 2 灌籃高手的著名場景 3 鎌倉高校車站前 4 遠眺江之島 5 從江之島眺望富士山 6 江之島前入口 7 江島神社前 8 江島地圖

再深入島內，經長年累月的波浪侵蝕，形成江之島岩屋，曾經是江之島信仰的發源地，第一岩屋長 152 公尺，大批石造文教為貴重文化遺產；第二岩屋長 56 公尺，這裡有個「五頭龍與天女」的傳說，一條居於江之島附近的五頭龍作惡多端，令居民叫苦連天，天神於是派遣美麗的天女下凡，前往江之島教化五頭龍，五頭龍對舞姿曼妙的天女一見鍾情，但告白後被天女所拒，五頭龍遂決定改邪歸正，立誓任何人向牠許願均能實現，以求藉善行令天女回心轉意，天女最終也被牠的誠意所感動，答應與五頭龍成親，因此造就當地龍神信仰。

江之島對面的海岸綿延 5 公里，自古以來即是有名的海水浴場，有「東洋邁阿密海灘」之稱。

藤澤

　　湘南地區發展較為密集的都市，也是行政區所在地，其中小田急百貨店為主要的購物中心，3C 產品類則有 Big Camera，座落於 JR 藤澤車站北口。

橫須賀軍港

　　全名為海上自衛隊橫須賀地方總監部，由於橫須賀軍港位處東京灣入口，為關東地區最大的軍港城市，常駐於此軍港的為日本海上自衛隊與美國第七艦隊。平常為軍事重地，只能在橫須賀車站附近的 Verny 公園（ヴェルニー公園）觀賞駐守於此地的軍艦群；每年約有兩次的時間會大規模公開展示海軍基地，開放讓一般民眾參觀軍艦內部，同時也有園遊會的活動，販售周邊商品，但開放時間不一定。

　　橫須賀海軍另一項知名的特產為咖哩飯，相傳為日本咖哩飯的起源；一百年前，因日本海軍想改善艦內伙食，便參考英國皇家海軍的作法，製作出軍隊風味的「海上自衛隊咖哩」，今日已成為橫須賀海軍的另一項特色。

藤澤

♀ 交通：搭乘小田急與 JR 東海道線皆可抵達

橫須賀軍港

♀ 交通：搭乘 JR 橫須賀線至橫須賀站，步行約 2 分鐘

1 江之島 2.3 塞穆爾‧科金苑 4 江之島展望燈臺附近 5 江之島岩屋 6 經年累月被波浪侵蝕的龜石，退潮時，看起來像是要回到龍宮城一樣 7 將新鮮龍蝦放在機器上，淋麵粉漿用鐵板壓製，再經過修邊之後，一片片的龍蝦仙貝終於完成 8 小田急藤澤車站 9.10 橫須賀軍港內一景 11 橫須賀咖哩小鴨

11

藤子‧F‧不二雄博物館

藤子‧F‧不二雄最著名的代表作就是哆啦A夢（ドラえもん）。他長年居住於神奈川縣川崎市，因此在過世後，其妻正子夫人便設立這間博物館，將生平的藝術作品保存於館內。

與宮崎駿吉卜力美術館相同的是，藤子‧F‧不二雄博物館本身也不發售門票；但與吉卜力美術館不同的是，臺灣境內無代理商發售藤子‧F‧不二雄博物館的門票，只能在日本境內 LAWSON 便利商店的售票機購買入場券。因此，若行程有安排此博物館，請先在 LAWSON 便利商店查詢是否有剩餘票，購買票券後再行前往，每個月的 30 日會開放販售兩個月後的入場券，如 7 月 30 日會發售 9 月的票。

開館時間為 10:00 至 18:00，購買時，票券上即會指定入場時間，分別為10:00、12:00、14:00、16:00 入場，在入場時間開始的半個小時內必須進入，通常越早入場的門票會越早售完，預定門票的時候需注意。入場時憑 LAWSON 的票券取得博物館的入門票與語音導覽器，可向工作人員索取中文發音版本，按下作品對應的號碼即可聽取解說，使用後需歸還給工作人員。要注意以下兩點：第一，館內藤子‧F‧不二雄的著作品區與影院區不可拍照或攝錄影；第二，影院區最後一場短片放映時間為 17:40 分，憑博物館的入門票入場。建議花兩個小時以上的時間，好好的逛這個博物館。

- ◎ 網址：fujiko-museum.com/pc.php
- ◎ 交通：搭乘 JR 南武線至宿河原站，步行約 20 分鐘內；或小田急電鐵至向ヶ丘遊園站，步行約 15 分鐘內。搭乘巴士者可於 JR 線與小田急線的登戶站下車，之後換乘接駁車，單趟 210 日圓
- ◎ 票價：大人 1,000 日圓，國中、高中生 700 日圓，4 歲以上兒童 500 日圓
- ◎ 營業時間：10:00~18:00，按購買票券的指定時間入場。公休周二與年末年始，但黃金周期間與暑假期間全日開館，可參照官方網站

1.2 登戶至博物館的接駁公車 3 胖虎會從這
上升的水池出現 4 鬼精靈拍照點

新橫濱拉麵博物館

日本首座，集合全國拉麵代表店鋪，位於新橫濱附近，以鄉土料理為號召，號稱不用跑到當地，就能一一品嘗各地的美味拉麵。博物館走懷舊風格，街道為西元 1958 年時的模樣，因為這一年，泡麵首次登上世界舞臺、東京鐵塔落成、日本首次發行萬元鈔。館內除了有九座代表性拉麵店外，還有與懷舊有關的主題零食店、曾經引起風潮的電動玩具賽車場、拉麵特產專賣店，與充滿傳統風情的咖啡店等。

拉麵本源於中國的麵食料理，明治維新之後，日本的主要港口城市都設立外國人的居住地，也逐漸有中國人移至日本居住，中華料理店與名產店自然如雨後春筍般設立，形成了「中華街」。經過了近百餘年來的發展，日本拉麵開始有別於中國料理，逐漸發展成拉麵屋臺與拉麵專門店。如今日本拉麵文化也傳入世界各角落，又因各地文化的不同，而發展成為具當地特色的拉麵。

全館可自由攝影，拉麵店有時客人數較多，等待時間會較長，約 20 分鐘左右，敬請耐心等候。

1 拉麵博物館外 2.3 拉麵街 4 王樣拉麵與入場券 5 橫濱動物園 6 動物園全圖

♢ 網址：www.raumen.co.jp
♢ 交通：搭乘 JR 橫濱線至新橫濱車站北口，步行約 10 分鐘
♢ 票價：大人 310 日圓，60 歲以上、兒童 100 日圓
♢ 開放時間：11:00~22:00，逢周六或假日會延長營業時間。全年無休

橫濱動物園 ZOORASIA
よこはま動物園ズーラシア

　　相較於上野動物園，橫濱動物園占地頗廣，強調「生命共生，自然調和」，光動物種類就有近 400 種，按照氣候類別分為亞細亞熱帶雨林、亞寒帶森林、澳大利亞、大洋洲草坪、中亞高原、日本山林、亞馬遜雨林及非洲熱帶雨林等。所有的造景皆是依據該生物的生活型態，而打造出來的原生環境，園內有時會舉辦親近動物的體驗活動，能拉近與動物的距離。

○ 網址：www2.zoorasia.org
○ 交通：搭乘 JR 橫濱線至中山車站南口，再搭乘相鐵巴士往橫濱動物園
○ 票價：大人 600 日圓，高中生 300 日圓，中、小學生 200 日圓
○ 開放時間：9:30~16:30，16:00 前需入場。公休周二（逢假日隔天休館）、年末年始

横濱市街地

　　神奈川縣內最繁華的商業地帶，從橫濱車站延伸至中華街一帶，這裡鄰近橫濱港，早年明治時代時，港口聚集許多外國人，在當時建造了數棟西洋風格的建築物，至今大部分都保存良好，作為政府機構各部門的辦公地。現在橫濱搖身一變成為觀光的重點區，接下來就介紹橫濱的知名景點。

橫濱地標大樓

　　神奈川縣內最高的建築物，也曾經是日本最高的建築物，至今仍為日本第二高大樓，空中花園的展望臺在橫濱地標大廈的第 69 層樓，高 273 公尺，天氣良好時，號稱可看到東京都廳與伊豆半島。

- 網址：www.yokohama-landmark.jp/page
- 交通：搭乘 JR 根岸線至櫻木町站，或港未來線至港未來站，均再步行約 5 分鐘
- 票價：大人 1,000 日圓，高中生、65 歲以上 800 日圓，中、小學生 500 日圓
- 營業時間：10:00~21:00，20:30 前需入場，逢周六或暑假期間營業至 22:00。全年無休

日清杯麵博物館

　　全名為「安藤百福發明紀念館」。安藤百福有「杯麵界的愛迪生」之稱，人生中的所有時間都花在致力於速食麵的研發。

　　早年定居於大阪時，他就有個構想，要研發「只要有熱水就能吃的麵」，經過短短一年多不停的反覆研究，誕生了「雞拉麵」，產品上市後銷售量即有爆炸性的成長，但安藤先生似乎不滿足於雞拉麵的成功，8 年後赴美國參觀的期間，有感於日本與美國在飲食習慣方面的文化差異，而產生了用紙杯吃麵的想法，於是又研發出一條生產線，將大量的杯麵推向世界。安藤過世前還有一項發明，就是開發「能在宇宙吃的麵」，以自己先前製作麵條的「油熱乾燥法」，開發出能在無重力狀態下吃的速食麵。

　　杯麵博物館內，最主要的當然是介紹他研發速食麵的生涯，在長廊之中，除了解釋當時的時空背景外，還闡述杯裝麵對全世界的重大影響力，如《TIMES》

雜誌票選日本最重大的發明事蹟，杯裝麵的發明即高居第一位，影響力可見一斑。除了個人的歷史年表之外，日清所有的泡麵與杯麵產品也都有販售年表，從西元 1958 年開始的第一款包裝泡麵，到現在目前市面上的產品，以年為單位都有詳盡的產品示意圖，總數有近千個不同外包裝的產品曾經流通至市面上。館內也重現了當時安藤先生的研究小屋，裡面所有製作乾燥麵的器具一應俱全；館內劇院並製作約 14 分鐘的短片，在他短短的人生中用動畫呈現他一路以來研究杯麵的思考過程。為了讓小學生或者小家庭能在館內同樂，還設置個人風格的拉麵杯製作工廠，只要在杯子上自行彩繪，再到配料區選取個人喜愛的泡麵佐料，經過包裝之後即成為獨一無二、個人風格的杯裝麵。

館內的麵條市場除了有自家風格的雞拉麵產品外，另外還販售 8 個國家的代表性麵食，想吃不同風味的麵料理，在此可以小試一下。

○ 網址：www.cupnoodles-museum.jp
○ 交通：搭乘 JR 根岸線至櫻木町站，步行約 15 分鐘；或港未來線至港未來站，步行約 10 分鐘
○ 票價：大人 500 日圓，高中生以下免費入場
○ 開放時間：10:00~18:00，17:00 前需入場。公休周一（逢假日隔天休館）、年末年始

1 橫濱地標大樓與旁邊的大樓群 2 橫濱地標大樓附近的小型樂園，COSMO WORLD 周邊 3 日清杯麵博物館 4 杯麵製作教室 5 杯麵市集 6 杯麵小雞 7 杯麵發行史與歷代產品 8 決不放棄的精神 9 安藤百福的發明小屋

紅磚倉庫 赤レンガ倉庫

　　曾為橫濱港的物流基地，因運輸型態改變後，倉庫的重要性逐漸降低，到最後終致不再使用。近幾年，政府將其重新改為商業區域，並設有各式的餐廳與精品專賣店，也會舉辦各類的活動。

山下公園／冰川丸號

　　日本第一座臨海公園，是以關東大地震的瓦礫埋填而成再對外開放。公園長約 1 公里，鄰近未來港區，夜晚時附近的高樓建築物與冰川丸號、宇宙世界的摩天輪，散發出五彩繽紛的燈光，除了鄰近的大樓展望臺外，這裡也很適合觀賞傳說中的橫濱夜景。

　　停泊在公園碼頭邊的「冰川丸號」，曾經是橫渡太平洋的客貨兩用大型船隻，有「北太平洋女王」稱號，可登上船艦內部觀賞，介紹開航以來的航線與歷史紀錄，並全數公開開航時辦理客運的內部設施，甲板上也能一望無遺橫濱港的景色。

橫濱海洋塔 橫浜マリンタワー

　　為紀念橫濱港開港 100 周年，由民間企業建造，位於 29 樓與 30 樓的展望臺，高 94 公尺，360 度的視野足以瞭望整個橫濱市區，夜晚時橫濱海灣大橋、冰川丸號、未來港區的建築物、宇宙世界的摩天輪，照亮了整個市區。橫濱海洋塔已加入了日本高塔協議會，與其他日本各地有相同特色的高塔，一起推動高塔的觀光事業。

中華街

橫濱港開港之後，一些中國貿易商與日本逐漸有貿易的往來，在山下町的周圍聚集了很多商家。最初在中華街一帶建立了關帝廟、媽祖廟，二次大戰後港口貿易趨於興盛，中華街的規模也擴大不少，興盛的中華餐館如今日所見，不管是上海料理、還是廣東、四川、北京料理，在日本統統都能品嘗。除了餐館外，在店鋪前面銷售的肉包、炒栗子等其他零食，也是中華街的一大特色。自從港未來地鐵線通車後，加上與東急電鐵、東京地下鐵相互直通運轉的便利，只要 1 小時內就能從東京抵達中華街。

1 紅磚倉庫 2 橫濱關稅所 3 山下公園內 4 冰川丸號 5 橫濱海洋塔 6.7 中華街

紅磚倉庫 赤レンガ倉庫

- ♢ 網址：www.yokohama-akarenga.jp
- ♢ 交通：搭乘 JR 根岸線至關內站或櫻木町站，步行約 15 分鐘；或港未來線至馬車道站或日本大通站，步行約 6 分鐘
- ♢ 營業時間：一號館 10:00~19:00，二號館 11:00~20:00

橫濱海洋塔

- ♢ 網址：marinetower.jp
- ♢ 交通：搭乘 JR 根岸線至石川町站，步行約 15 分鐘；或港未來線至元町・中華街站，步行約 2 分鐘
- ♢ 票價：大人 750 日圓，高中生、中學生 500 日圓，小學生 250 日圓，幼兒 200 日圓
- ♢ 營業時間：10:00~22:30，22:00 前需入場。全年無休

山下公園／冰川丸號

- ♢ 交通：搭乘 JR 根岸線至石川町站，或港未來線至元町・中華街站，均再步行約 18 分鐘
- ♢ 票價：（冰川丸號）大人 300 日圓，65 歲以上 200 日圓，中學生以下 100 日圓
- ♢ 開放時間：10:00~17:00，16:30 前需入場。公休周一（逢假日隔天休館）

中華街

- ♢ 交通：搭乘港未來線至元町・中華街站

元町

　　元町的發展宛如中華街，不同的是，元町是西方人的居住區，店鋪型態多為西式，飲茶店、服飾店、家具店皆以西式為主。元町地形起伏較為明顯，從商店街往港區方向為小丘陵地，上方為因應當時外國人聚居而產生的外國人墓地，可以稍稍俯視橫濱港的港見丘公園，但在這公園視野較受限，如果想要比較好的視野，鄰近的橫濱海洋塔展望臺還是比較好一點。

KIRIN 啤酒工廠

　　KIRIN 啤酒在橫濱的工廠有附設一間小型的博物館，不論平日或假日，來這裡參觀導覽均須事先預約才能取得入場資格，但網頁的預約介面僅提供日文版本，請特別注意。從參觀到試飲結束，包含導覽工廠解說 50 分鐘與試飲啤酒約 20 分鐘，導覽的部分在於解說啤酒釀造的整個過程，其次是自動化的生產線，最後是整個 KIRIN 的生產歷史與對保護環境所做的努力，對於啤酒有特別興趣的讀者可以來這邊參觀。

　　在最後的試飲啤酒階段，每個人最多可以試喝三杯 KIRIN 系列的飲品與一包鹹餅乾，由於玻璃杯的容量還不小，所以請視酒量自行斟酌，或搭配非酒精類的飲品一同暢飲。

元町

♡ 交通：搭乘港未來線至元町・中華街站

KIRIN 啤酒工廠

♡ 預約網站：www.kirin.co.jp/entertainment/factory/yokohama/tour
♡ 交通：搭乘京濱急行本線至生麥站，步行約 10 分鐘；或 JR 京濱東北線至新子安站，步行約 20 分鐘
♡ 票價：免費，但參觀前兩天須在網路上預約
♡ 營業時間：10:30 開始，每日場次不定，一場次限定 40 人參觀。公休周一

本日の試飲

1.2 元町街 3 KIRIN 工廠外觀 4 KIRIN 的看板
5 啤酒的釀造過程 6 生產線 7 試飲品展示 8 參
觀後的免費小點心與各種啤酒

相川小田原城

　　小田原城為關東地區保存最良好的城堡。十五世紀時，北條氏占領小田原，並以此為中心地，逐漸向平原地增築城牆；十六世紀時，上杉謙信曾領軍企圖攻破此城，但失敗而撤退，直到十六世紀後期，才在豐臣秀吉以壓倒性的優勢下占領成功。因為這些歷史故事，小田原城得到了「難攻不落之城」的別稱。

　　現今存在的「天守閣」（日式城堡主要部分），是依據最初的構造圖以鋼筋水泥重新整修而成，另外也保留了常盤木門與銅門，作為進出小田原城的出入口。天守閣下方為可供休憩的廣場，進入天守閣的入場券也在此販賣，可在此休息一下子後再慢慢前往天守閣頂端。自天守閣門口開始，有展示小田原城相關的模型及傳統的工藝品，依序往上層，介紹的是小田原城歷代的城主與歷史，第三層為各時代使用的武器及護具，到這裡為止前，天守閣皆禁止拍照，請多留意。最上層為天守閣的展望臺與販賣相關的紀念品。

　　從天守閣望去，可看到小田原市區與相模灣，既然都到了最頂端的天守閣，可在此休息一下，多看看這裡的風景。

○ 網址：www.city.odawara.kanagawa.jp/kanko/odawaracastle
○ 交通：搭乘 JR 東海道本線至小田原站東口，步行約 10 分鐘
○ 票價：（天守閣）大人 410 日圓，中、小學生 150 日圓
○ 開放時間：9:00-17:00，16:30 前需入場。公休年末年始

🚃 相模湖

在神奈川縣最北邊的位置，此湖為人造湖泊，興建於 1947 年，除了本身地理位置優越帶來的觀光效益，主要的用途在於供給橫濱與川崎一帶的工業與民生用水，並兼具水力發電的功能。

每年的重大盛會有 4 月初的櫻花祭、8 月初的花火大會、與 12 月舉辦的相模湖燈祭。相模湖公園內，正中央有臺發電機，過去使用於園區內，被汰換後，反而成為公園作為招牌的裝飾品，水邊的廣場也能靜靜地坐在湖邊，眺望有山有水有好景致的湖面，還能到碼頭搭乘遊湖船繞相模湖，有興趣的話可以來此地看看。

前來相模湖需搭乘的 JR 中央本線班次不多，約半小時一班車，搭車時請注意回程的時間，避免將時間浪費在等車上。

○ 網址：www.sagamiko.info
○ 交通：搭乘 JR 中央本線至相模湖站，步行約 10 分鐘

1 小田原城 2 小田原城城內 3 天守閣往伊豆方向眺望 4「御幸之濱」，離小田原城不遠的海岸，因明治天皇曾經造訪而得名 5 相模湖周邊導覽圖 6 水力發電機 7.8 相模湖

千葉縣

＊更多著名景點

幕張展覽館與其他大型商場：JR 京葉線海濱幕張與新習志野站之間。
鴨川シーワールド：JR 外房線安房鴨川站。
勝浦海中公園：JR 外房線鵜原站。
東京ドイツ村：JR 千葉站轉乘巴士抵達。

千葉縣絕大部分的行政區位於房總半島上，也是鄰近東京都的人口密集地，主要集中在東京灣沿岸，JR 行經的路線包括常磐線、總武線、京葉線及京成本線，除了這幾條線之外的地區，大部分都已經遠離商業地帶。作為日本重要對外門戶的成田機場即位在千葉縣，每年吸引著無數的觀光人潮前來此地與東京都心；除此之外，千葉縣的一大觀光亮點還有東京迪士尼，但除了米老鼠之外，千葉縣還有更多新奇的地方等待讀者去挖掘。

成田山

　　成田市是東京的門戶，除了廣為人知的成田機場之外，另一項知名的景點是成田山新勝寺。一千多年前，弘法大師空海遠渡中國，將佛教教義帶回日本，本著虔誠的信仰，親自雕刻本尊不動明王像；至江戶時代後，成田山開放空海雕刻的不動明王像供人參拜，至近年每年的參拜人數高達千萬人次，僅次於明治神宮。每年正月時，信徒會為了家庭安全、生意興隆、交通安全、消除災難等理由，紛紛前來祈求不動明王尊的保佑，光是正月時期的參拜人數就有近 300 萬人次。

　　從成田車站開始至成田山入口前，長約 800 公尺的表參道，街上完全呈現古日本建築風格；與其他寺廟前的表參道一樣，這裡專門販售各式各樣的名產與紀念品店，比較特別的名產是鰻魚飯，街上有數家專門賣鰻魚飯定食的餐廳，強調現切鰻魚，加上醬汁與火烤的風味，走在街道上很難不被香味吸引。自新勝寺入口開始，寺內是眾多的寺廟建築，裡面的三重塔、釋迦堂、光明堂、仁王門、額堂都被指定為日本的重要文化財，這些建築物建於江戶時代，連同不動明王像，都是重要的文物。

　　由於距離成田機場不遠，很多外國觀光客都會到成田山參觀，若時間允許，在搭機前或下機後，撥個兩小時的時間在此，或許會有不一樣的收穫。

1 成田山新勝寺入口 2.3 新勝寺 4 平和的大塔
5 噴水池與花園

- 網址：www.naritasan.or.jp
- 交通：搭乘 JR 成田線至成田站，或京成線至成田站，均再步行約 10 分鐘
- 營業時間：8:00~16:00

銚子

　　銚子是日本的傳統漁港城市，在地理上是關東平原的最東端，每年元旦時是最早日出的地點，觀賞日出的熱門景點則是犬吠埼。

　　銚子電鐵是這裡的觀光鐵道路線，在過去曾經因營運不佳而一度打算廢線，所幸就在該公司籌措電車維修費之際，適時研發出利用當地知名產業「醬油」而製作的特色煎餅，在經過網路的傳播之後，很快的造成風潮，成功賺取一筆能夠維持鐵路運作的經費，讓銚子電鐵得以繼續載著前來觀光的旅客。

　　來這旅遊的第一站，是「看得到地球是圓的展望館」，館上頂樓視野遍及整個銚子市區，包括海岸上的屏風浦、風力發電機組群、犬吠埼燈塔等，都是塔頂看得到的景點；第二站是犬吠埼燈塔，這裡是觀賞日出或看海景的好地點，每年的元旦早上 6:46 分太陽會從水平面出現，在這時間都會擠滿想看日出的觀光客，雖然平常就是一個再普通不過的燈塔；第三站是銚子港，這裡有水產物的販賣中心，專門販賣剛上岸的新鮮漁獲，並有少數餐廳專門販賣新鮮的魚丼飯；販賣中心走到底即是銚子港塔，這座塔是高塔協會的成員之一，底下則販賣紀念品與名產。4 樓的展望室高 47 公尺，銚子港與利根川、銚子市區都在視野範圍內，再遠就是一望無際的太平洋了。

1 銚子票券與巡迴公車路線圖 2 銚子電鐵銚子車站 3 銚子電鐵電車 4 銚子電鐵犬吠車站 5 地球是圓的展望館 6 犬吠埼燈塔 7 銚子港 WOSSE21 與銚子港塔 8 銚子港塔內觀景臺 9 銚子港塔近照 10 共通入場券

　　銚子市在周六日有巡迴的觀光巴士，但是一天僅有 6 班往返各景點，在搭乘前可先在 JR 銚子車站內的旅遊中心索取公車時刻表，搭配銚子電鐵的電車或許較好。至於平常日建議安排銚子電鐵各站步行到得了的景點即可，或者銚子車站至銚子港的公車，同樣的公車班次也不多，要前往的讀者需調整各景點的觀光時間，以免錯過班次。

看得到地球是圓的展望館

- ♡ 網址：www.choshikanko.com/tenbokan
- ♡ 交通：搭乘銚子電鐵至犬吠站，搭乘巴士約 5 分鐘，或步行約 20 分鐘
- ♡ 票價：大人 350 日圓，65 歲以上 300 日圓，中、小學生 200 日圓
- ♡ 營業時間：4 月至 9 月 9:00~18:30，10 月至 3 月 9:00~17:00。全年無休

銚子港塔

- ♡ 網址：www.choshikanko.com/porttower
- ♡ 交通：搭乘 JR 總武本線至銚子站，再搭乘巴士至「ポートタワーウオッセ」站，約 20 分鐘
- ♡ 票價：大人 350 日圓，65 歲以上 300 日圓，中、小學生 200 日圓
- ♡ 營業時間：4 月至 9 月 8:30~18:30，18:00 前需入場；10 月至 3 月 9:00~17:30，17:00 前需入場。全年無休

千葉港塔

　　千葉縣在西元 1983 年總人口數突破 500 萬人之際，決定在千葉港建立高塔，以茲紀念。千葉塔為高塔協會的成員之一，建成之後，周邊的工業地帶也帶動了千葉港的發展，同樣的在 JR 京葉線上，幕張新都心也在此時逐漸發展起來，連同千葉市區成為東京都的副都心。

　　千葉塔 4 樓展望臺高 113 公尺，視野涵蓋千葉市區、東京灣、千葉工業區群，天氣良好時可看到更遠的新宿高樓群與晴空塔；3 樓為輕食店，用餐時可以一邊品嘗美食，一邊悠閒的眺望東京灣風景；2 樓為戀人勝地，日落之後，夜晚明亮的光輝能拉近兩個人的距離，將兩人的愛永遠持續下去，見證者為塔頂美麗的風景；欣賞完塔頂風景之後，也別忘了 1 樓的名產專賣店，千葉名產落花生、房總半島的海產，在這裡都能買到。

> ♡ 網址：www.chiba-porttower.com
> ♡ 交通：搭乘 JR 京葉線至千葉港站，步行約 15 分鐘
> ♡ 票價：大人 420 日圓，中、小學生 200 日圓
> ♡ 營業時間：6 月至 9 月 9:00~21:00，20:30 前需入場；
> 　10 月至 5 月 9:00~19:00，18:30 前需入場。公休年
> 　末年始，但 1/1~1/4 早晨臨時開館

1 千葉港塔頂景色 2 千葉港塔頂展望臺 3 千葉港塔

3

🚃 館山

　　關於館山城的歷史，要從 400 年前里見氏在此築城開始說起，但第一代城堡壽命非常短暫，只用了三十餘年即被廢棄，目前所見的天守閣，是仿造愛知縣犬山城規格建造的第二代城堡。堡內另有「八犬傳博物館」，目前是館山市立博物館分館，展示歷代以來相關文物，包括著作、刀劍、甲冑、繪畫等，但館內收藏物不允許拍照，請多留意。

　　由於館山城的地勢較高，而且又以類公園的型態保存著，故常被當地居民當作散步的地方，這裡算得上是制高點，館山市街與相模灣都在視野範圍內，天氣好的時候也能清楚看到富士山，因此被日本國土交通省登錄為「關東富士見百景」。

　　由於房總半島的電車班次較少，館山距離東京也只要約兩小時的車程，來這裡盡量以特急列車做為優先考慮，若時間充裕也能來個青春 18 之旅，千葉到館山這一段的風景確實相當不錯。

○ 網址：www.city.tateyama.chiba.jp/hakubutukan/page015688.html
○ 交通：搭乘 JR 內房線至館山站，步行約 25 分鐘；或搭乘日東巴士至城山公園前下車
○ 票價：大人 300 日圓，高中生以下 150 日圓
○ 開放時間：9:00-16:45，16:30 前需入場。公休周一（逢假日隔天休館）、年末年始

御宿

御宿是千葉東海岸的小鎮，這裡的海岸是日本較少見的沙岸地形，鄰近海水浴場，但遊客較少，因而可以很悠哉漫步在這沙灘上。這裡又別名「月之沙漠」，由來是已故詩人加藤正男（加藤まさを）的同名詩集作品，晚年加藤先生移居御宿時，在月之沙漠紀念館附近的沙灘，建立了兩隻駱駝與月亮的紀念銅像。

月之沙漠紀念館內保存了加藤先生的詩集與繪畫作品，加藤先生當初使用的書房也全數搬移至此，在館的 2 樓也展示了月之沙漠紀念銅像的原型作品，同一位置上也可以看到在外的月之沙漠紀念雕像，視野相當良好。御宿的交通僅依靠 JR 外房線，約半小時至 1 小時才有車停靠，來此的讀者也需要注意時間。

1 館山城城下公園 2 館山城跡 3 館山城門票
4 館山城 5 月之沙漠紀念館 6 入場券與簡介
7.8 館內文物

月之沙漠紀念館

♀ 交通：搭乘 JR 外房線至御宿站，步行約 10 分鐘
♀ 票價：大人 400 日圓，中學生 300 日圓，小學生 200 日圓
♀ 開放時間：9:00~17:00，16:30 前需入場。公休周三、年末年始

東京迪士尼

　　這應該是本書之中最熱門的景點吧！筆者曾經連續三天從早上 8:00 至晚上 10:00 都在迪士尼樂園與海洋間，不停的排隊，只為了一次 10 分鐘的遊樂設施。

　　迪士尼的票券使用方式也比較與眾不同。一日券只能選擇樂園或者海洋其中之一，二日券則是可以選擇一天樂園、一天海洋；三日券以上的前兩天則與兩日券相同，第三天以後可自由於兩個樂園進出。迪士尼樂園全年不論平日或假日，來訪的遊客數皆相當眾多，尤其是碰到連續三天以上的假期，常常在開園前一兩小時就大排長龍，一旦人數超過上限就會開始管制，真的想來的話只能挑個平日過來，讓自己玩得盡興些。

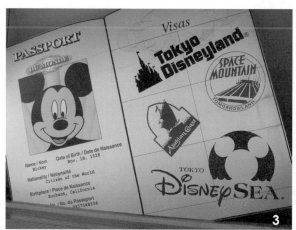

1 館外沙漠 2 月之沙漠紀念碑 3 迪士尼米奇護照
4 迪士尼樂園入口前廣場 5 迪士尼樂園廣場
6 紀念品市集

　　說到排隊，迪士尼對於每個設施都有發行「快速通行」券，如果有很想要玩某項設施卻看到很長的排隊人潮，這時請到快速通行的機器前，看一下大概能進入設施的時間，把您手中的入場券給機器掃瞄一下，有入場時間的快速通行券就到手，這時就可以先到其他人潮較少的遊樂設施，時間接近的時候再去通行券上指定的遊樂設施即可；不過為了各位遊客的公平性，抽完快速通行券後的兩小時內無法抽取下一個遊戲的通行券，估計一天抽到四張遊戲的快速通行券就算很幸運了。

　　迪士尼樂園內有固定早中晚的場內遊行活動，玩累的話也可以算準時間，到了遊行時間前夕，先到路線上的最佳觀賞處占位置，接下來就靜靜地等待隊伍通過即可。另外，園區內多到不行的禮品專賣店，邊逛街邊看看喜歡的商品，等到要離開迪士尼樂園之前再購買就好，迪士尼樂園主要可以集中購買的地方在入口處附近的世界市集裡，迪士尼海洋則是在地中海港灣內，留一小時仔細挑選，或許會比較好。

- ♀ 網址：樂園 www.tokyodisneyresort.jp/tdl，海洋 www.tokyodisneyresort.jp/tds
- ♀ 交通：搭乘 JR 京葉線至舞濱站，步行約 5 分鐘到達樂園，約 15 分鐘到達海洋。兩樂園與舞濱站間有單軌電車，單程票價 260 日圓，一日券票價 650 日圓
- ♀ 票價：一日票大人 6,400 日圓，60 歲以上 5,700 日圓，中學生 5,500 日圓，小學生 4,200 日圓；另有午後與夜間入園券
- ♀ 營業時間：原則上為 9:00~22:00，官網會每天公布營運時間。全年無休

1 花車遊行 2 西部樂園 3 迪士尼的魔法表演 4 迪士尼三日券與快速通行券 5 迪士尼海洋入口內廣場 6 迪士尼海洋市集 7 迪士尼海洋地中海港灣日間表演 8 驚魂古塔 9 神祕島 10 阿拉伯海岸 11 美人魚珊瑚礁 12 迪士尼海洋地中海港灣夜間

埼玉縣

1

東京都心旁的擴張區，集中在 JR 東北本線上，中心都市為埼玉市，川越市則是人口次多的聚集地，其他知名地點相對於各縣較為分散，像是西武球場、春日部、秩父等地都不在 JR 的路線區域內，須另行轉乘其他鐵道公司的路線才能抵達。埼玉縣離東京又近又較為人知的就是「小江戶」川越，建築物風格與東京完全相反，真實反映江戶時代的古早風格。

1 川越老街群 2 川越車站 3 西雲寺

川越

　　川越是從江戶時代開始繁榮的城邑,別名小江戶。幕府時代結束後,歷經明治、大正、昭和,每個時代都有建造不同風格的建築物,城堡的遺跡、神社、寺院,多集中於藏造老街群,這些建築物是歷經大火與關東大地震後所努力保存下來的成果,其中矗立於老街區的「時之鐘」,是歷經四百年歷史的著名地標。從 JR 或東武川越車站附近的現代化商店街,很難想像這裡曾經是個繁榮的小鎮,但沿著中央通前往藏造老街群時,歷史就像是倒退了一百年,忠實的呈現在來訪者眼前。

　　先從「時之鐘」說起,當時的川越藩主因為特別重視時間,於是建造此鐘樓,在自動化機械裝置還沒發明之前,鐘樓以人工敲鐘的方式報時;歷經四次大火後,現在的鐘樓是 120 年前建造的第四代建築物,同時也改為自動機械式運作,一天有 4 次敲鐘的時間,分別為上午 6:00、中午 12:00、下午 3:00 與晚上 6:00。江戶幕府時代已普遍使用土造耐火建築,可避免火災發生時迅速燒掉屋內的貨品;一百年前川越大火時,位於老街的建築群受損較不嚴重,讓土造建築更被廣泛使用,現在還剩餘數十棟的建築在藏造老街群中,以各式各樣的店鋪形式存在,連同附近的「果子屋橫丁」,短短的街道上聚集了二十幾家專門販售樸素又令人懷念的古早點心,喚起大家的回憶。

　　埼玉的 RESONA 川越分行是大正時期的建築代表作,屬於西洋風格的建築,相較於純日本式的建築而言顯得十分特別,也跟藏造群一樣,被指定為文化財。

喜多院內的歷史，相傳是為了祭祀川越大師而設立的，川越藩主統治時再次修築院內建築物。江戶時代初期，德川家康將江戶城紅葉山御殿移至喜多院，連同城內的文化財產、客殿、書院，也全數移來。除了江戶城移至此地的建築物外，裡面的山門與鐘樓被指定為文化財。同樣位於川越內的「仙波東照宮」，則是與江戶時代德川幕府有著淵源的寺廟；院內的五百羅漢像是江戶幕府天明年間花費50年所建立的石像，特別之處在於每尊羅漢像有各式各樣的表情，不論是喜怒哀樂，都與眾不同。

由於川越的各車站與景點間都有一段距離，東武巴士有推出小江戶各景點的巡迴巴士，一日乘車券售價 300 日圓（兒童半價 150 日圓），假日在傍晚 5:00 前約 15 至 30 分鐘一班車，平日則班次較少，約 50 分鐘一班車。如果在川越的時間夠充裕的話，建議以步行的方式前往各景點，到了傍晚，再從埼玉 RESONA 銀行前的公車站牌，搭乘其他路線的公車回川越車站即可。

○ 網址：www.koedo.or.jp
○ 交通：搭乘 JR 川越線、東武東上線、西武新宿線皆可抵達

1 埼玉縣縣鳥 2 喜多院
3 多寶塔 4 七福神之一
5.6 川越老街群 7 埼玉
RESONA 銀行 8 時之鐘

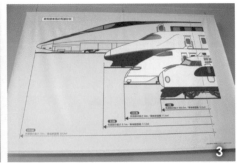

大宮鐵道博物館

　　JR 東日本創立二十周年之際，為了保存之前日本國鐵與世界各地鐵道的歷史資料，連同 JR 東日本本身的文物，於大宮車站附近一帶建立了鐵道博物館。

　　在關東地區的鐵道博物館中，此館規模號稱全日本最大，保存車輛數也是日本最多。館內共有三層樓，1 樓入口中間點，除了最旁邊的公園與鐵道車輛展示區之外，另一側為鐵道車輛模擬運轉室與周邊商品專賣店，另設有戶外親子同樂區，可以乘坐迷你小火車體驗鐵道員乘車樂趣。2 樓介紹自日本有火車以來到現在的重大鐵道年表事蹟，並詳細解說鐵道號誌與軌道運作原理，還有實物的操作與介紹；較有看頭的是鐵道立體模型展覽廳，偌大的模型展示空間內有著很複雜的軌道與現役火車車輛的模型車，在特定的時間點還有燈光秀，模擬從早到晚火車運轉的情景。

　　3 樓為鐵道車輛總覽，從古早的蒸汽火車至現在的柴油與電力車，從動力來源至車輛運作過程之間都有介紹；頂樓為戶外展望臺，靠近新幹線的線路端有各時段大約通過的時間表，可觀賞新幹線高速通過的情景。用餐部分，1 樓至 2 樓都有

1 鐵道博物館入口 2 新幹線駕駛體驗 3 新幹線車輛鼻頭長度比較 4 鐵道博物館外 5 鐵道博物館文物展示 6 鐵道模型展示 7 保存的車輛群 8 鐵道餐廳的菜單

設立餐廳，逛博物館時也不太需要擔心肚子餓的問題，1 樓還有便當販賣處，各地風味的鐵路便當都能在此看到。

在某些限定期間，通常為 7 月中至 9 月底、12 月中至隔年 3 月底，鐵道博物館另有發售東京出發的套票，包括東京至大宮鐵道博物館的來回車票，與鐵道博物館的門票兌換券，可搭乘東京往返大宮的新幹線自由席，與埼玉新都市交通大宮至鐵道博物館，套票售價大人 3,580 日圓，兒童 1,010 日圓。想體驗搭乘新幹線的讀者倒是可以試試看，不過東京到大宮的新幹線因為路線的關係，車速並沒有很快，東京至大宮需 25 分鐘；若是搭乘在來線鐵道（除了新幹線以外的 JR 路線），自東京出發搭乘東北本線至大宮，總計 35 分鐘以上，時間的差距也請斟酌。

♡ 網址：www.railway-museum.jp
♡ 交通：大宮車站步行約 20 分鐘，或鐵道博物館站步行約 1 分鐘
♡ 票價：大人 1,000 日圓，高中生、小學生 500 日圓，3 歲以上（入學前）200 日圓
♡ 營業時間：10:00-18:00，17:30 前需入場。公休周二、年末年始

西武球場

　　日本職棒西武獅隊的主場，在二十世紀末時曾創造過輝煌的戰績。原本為全露天球場，2008 年後改建為現代化的巨蛋球場，場內設備包含液晶看板、人工草皮、輕食販賣店、西武隊周邊販賣、免費 Wi-Fi 網路等。

　　除外野自由席之外，內野的席次較多元化，從內野自由席、內野指定席、本壘後方的各種特別座席，當然越靠近本壘，票價失血的指數也是倍數上升。相較於東京巨蛋球場，西武球場的販售店在內外野坐席的最頂端，觀戰途中肚子咕嚕咕嚕時得爬上好長一段階梯，才能買到熱騰騰的食物，算是個小缺點吧。筆者在臺灣沒看過現場球賽，不過在日本倒是有很深刻的觀戰心得，不論是安打或全壘打，場內音效與外野的啦啦隊都有讓人震撼的感覺。棒球比賽一場都是 3 小時起跳，到了第 7 局的時候，日本各球隊都會有些主題活動，例如西武隊會播放隊歌，主場球迷也會同時施放氣球，將場內氣氛炒到最高點。

　　8 局之後有些觀眾會陸續離開球場，因為每場球賽都超過萬人，太晚出場的話會塞車，若是搭電車離開倒是不用擔心，球場跟鐵道都是自家的，會視情況加開班次。

♡ 網址：www.seibudome.jp
♡ 交通：搭乘西武鐵道至西武球場前站

1 西武鐵道棒球彩繪車 2 西武棒球隊專賣店
3 西武球場地圖 4 西武球場外圓頂 5.6.7 西武球場

秩父

秩父是埼玉縣面積最大的行政區，過去是以秩父神社為中心而發展起來的絲織物集散地小鎮。神社現為秩父多摩甲斐國立公園的一部分，秩父的北方長瀞被指定為縣立的自然公園，車站附近的荒川，河岸上天然的紀念物「長瀞疊岩」長達 1 公里，觀光船船夫將小舟划過溪流，可以觀賞到長瀞的溪谷美景。

秩父車站與御花畑車站附近的羊山公園，在過去曾是綿羊畜牧的地方，現在則是一般的公園，每年 4 月左右，俗稱「芝櫻」的針葉天然繡球會在整個園區內盛開，顏色像櫻花般的美麗。近年的日本動畫《未聞花名》便是以秩父市為背景，動畫中重要的場景秩父神社與秩父橋，借助動畫名聲，也順勢成為熱門景點，推動秩父的觀光事業，吸引不少動畫迷前來參訪。

每逢周六、周日或例假日，秩父鐵道會運行從熊谷至三峰口往返的蒸汽火車，也是埼玉縣唯一有蒸汽火車的鐵道路線。

○ 網址：www.chichibu-railway.co.jp
○ 交通：搭乘西武鐵道至秩父站，或搭乘秩父鐵道至秩父站、御花畑站

1 秩父車站商店街 2 秩父鐵道御花畑車站 3 秩父鐵道蒸汽列車 4 列車內販售零食 5.6 舊秩父橋景色 7 動畫背景 8.9 秩父神社外一景 10 年初參拜人潮

春日部

　　再平凡不過的小鎮，但因為已故漫畫家臼井儀人長期定居於此的關係，大大提高春日部的知名度，「蠟筆小新」也因此成為春日部的代表人物。

　　但其實春日部並沒有太特別的觀光景點，唯一跟《蠟筆小新》主題有關的，是大型購物商場 LALA GARDEN 的 3 樓遊樂場，場外貼滿《蠟筆小新》的相關人物貼圖，場內大部分背景也貼滿漫畫內布景，有一小塊的區域專門介紹《蠟筆小新》歷年的作品與其他的相關作品。只是除了《蠟筆小新》之外，就是一般的購物商場；喜歡《蠟筆小新》的讀者倒是可以專程來看。

○ 網址：www.lalagarden-kasukabe.com
○ 交通：搭乘東武鐵道至春日部站，自西口徒步約 5 分鐘
○ 營業時間：10:00~20:00

新三鄉購物中心

　　這裡是東京都郊區較新興的購物中心，分為三大區塊，各為 IKEA、Lalaport 購物中心、COSTCO，距離 JR 武藏野線的新三鄉車站都在步行 10 分鐘之內。

　　在 Lalaport 的購物中心內，臺灣人較熟知的 ZARA、H&M、阿卡將本鋪在這裡都有進駐，當然還有其他知名廠牌的服飾或家具店，至於餐飲方面就更不用說，有近 40 家的業者在此為顧客服務；有帶小朋友前往日本的話，不要錯過裡面的 THOMAS TOWN，可愛的湯瑪士小火車將會是小朋友的最愛。

1 春日部車站外看板 2.3 LALA GARDEN 內的《蠟筆小新》主題樂園 4.5.6 車站外的購物商場 7 購物商場內

靜岡縣

在地理位置的定義上，它不屬於關東地區，但因為 JR 關東地區通票可使用的區域包含靜岡東部伊豆急行線與 JR 伊東線，故本書將此鐵道線的景點納入範圍內。另外，熱海與伊東一帶，溫泉是主要的特產，也是關東地區冬天觀光客會前來的旅遊地，可以到這裡好好放鬆一下。

下田

幕府時代由於鎖國政策，長期以來皆拒絕本國以外的商業貿易，到了西元1854 年，美國海軍軍官培里率領艦隊，要求日本開放港口通商，最後迫於壓力下，同意對美國先行開放下田與北海道函館，作為通商的港口。也因此下田港開始港口貿易，逐漸發展成小鎮的規模，至今仍保有當時的建築物。

下田氣候較溫暖，同時又有天然溫泉，足以供給下田市內的旅館、公眾浴場的需求，成為下田另一項知名的特產。伊豆急下田車站外，有著一艘「黑船」（軍

艦），訴説著當時開放港口的情景，離車站不到 3 分鐘的腳程，便是下田纜車的搭乘處，搭上纜車前往名為寢姿山的山頂，山頂上的展望臺視野包括下田港，更遠的島包括大島、利島、新島、三宅島、神津島、式根島。走到寢姿山的深處，有座愛染堂，御本尊愛染明王，據説信奉此神可以幫助女性締結良緣，是還滿特別的信仰；山上的「幕末見張所」（守衛臺）前象徵性的放置了一門重砲，訴説著那段抵禦黑船的歷史。

1 寢姿山纜車 2 下田港 3 伊豆諸島
4 寢姿山上風景 5 下田城美術館

♡ 網址：www.ropeway.co.jp
♡ 交通：搭乘伊豆急行線至伊豆急下田站
♡ 票價：（下田纜車來回）大人 1,030 日圓，兒童 510 日圓
♡ 營運時間：9:00~17:00，纜車最後上山的班次為 16:30。全年無休

河津的櫻花

　　號稱日本本州島上最早開放的櫻花名勝，大約每年的 2 月初至 3 月初為櫻花盛開的高峰期，在日本稱為河津櫻花季。

　　河津櫻是日本大島櫻的雜交品種，花型碩大、呈粉紅色，與日本大多數的染井吉野櫻相比，開花期較長。伊豆半島氣溫較暖，開花期早，與關東各地比起來，早了將近一個多月。沿著河津川，河岸兩旁的樹林全部開滿櫻花，同時在花季期間，從河津車站到河津川一帶正販賣著靜岡各地的農產品，和各種好吃的名產，閒暇之餘，可以坐在河津川岸邊，邊賞櫻花邊吃著粉紅色的麻糬，來日本就是要這樣享受。

○ 網址：www.kawazuzakura.net
○ 交通：搭乘伊豆急行線至河津站

1 伊豆急行鐵道 2.3.4 河津的櫻花 5 城崎海岸車站 6 城崎燈塔 7 城崎海岸 8 門脇吊橋

城崎海岸

　　是伊豆急行線上的一個小小站，要來這一站，必須先到伊東或伊豆高原車站換乘普通車，再從車站步行約 25 分鐘左右。

　　城崎海岸入口，前方有一座燈塔，往左走不久即是高度落差很大的門脇吊橋；這裡為岩岸地形，由火山噴發的熔岩冷卻而成，門脇吊橋坐落於岩石地形的兩端，長 48 公尺、高 23 公尺，往吊橋底下看，波浪一波波的衝擊底下的石塊，但奉勸有懼高症的讀者，還是往前走到海岸邊欣賞美景就好了。從這裡開始的海岸線，斷岩綿延數公里遠，在此可看到壯闊的海景、與大島等伊豆諸島。

　　看完了這裡的海景之後，小憩一下，保留回車站的力氣，到城崎海岸車站的路是無止盡的緩上坡路，聽到這裡，還是只能硬著頭皮走上去啊！

○ 網址：itospa.com/nature_park/np_zyogasaki
○ 交通：搭乘伊豆急行線至城崎海岸站（該站沒有對號列車停靠，要搭普通列車才能抵達）

栃木縣

關東北部的行政區，中心為宇都宮市，境內除了世界遺產「日光東照宮」之外，其他地點皆以溫泉為特點，如那須鹽原、鬼怒川、中禪寺等，主要的旅遊人潮也集中在東照宮與中禪寺湖之間。另一項的特產就是餃子，眾多的餃子店在宇都宮市內也算是個奇觀，花在餃子上的消費金額在此地也是全日本第一，可見這裡吃餃子的風氣真的頗為興盛。

日光市

日光東照宮

　　日本所有東照宮的總本社，為了要與其他的東照宮作為區別，多以「日光東照宮」稱之。在鎌倉幕府時代本來稱為東照社，至江戶幕府第三代將軍德川家光時，擴大神社，另將宮號授與東照社，才改稱東照宮，主要祭祀江戶幕府第一代將軍德川家康神格化後的神明，東照大權現。

　　東照宮現在所有的建築，幾乎都是寬永年間（1624 至 1643）更新過後的建築物，門口處的石鳥居是遠從九州運往東照宮的貢獻品，建築物內木雕的雕刻技術代表的也是一種權貴象徵；神廄舍外牆上方有著宮內著名的三隻猴子：非禮勿聽、非禮勿言、非禮勿視，形象取材於《論語》。荷蘭女王參訪日本東照宮時，特地贈送一匹荷蘭馬，也成為東照宮的財產之一。在奧宮（德川家康的墓地）前的坂下門上緣，藏有一塊很小型的雕刻作品「眠貓」，代表這裡是連麻雀都得以安心的平和世界；也有另一種說法，當德川家康結束戰國後，天下太平，作亂的鼠輩都被撲滅後，貓可以安心的長眠於此。

1.2 東照宮 3 非禮勿聽、非禮勿言、非禮勿視的三隻猴子

東照宮內的陽明門，門面上有非常多的彩色雕刻物，加上大量使用金色調，堪稱日本最華麗的寺廟門，同樣大量使用金色調的建築物尚有五重塔與唐門。唐門內的正堂須經過右側的祈禱殿脫鞋進入參觀，內部禁止拍照，古時為接見大將軍的處所，現在除了定時的導覽與解說之外，有時也會碰到新人婚禮，這點與其他知名神社頗為類似。

○ 網址：www.toshogu.jp
○ 交通：搭乘東武鐵道至東武日光站，或 JR 至日光車站，轉乘巴士約 5 分鐘，至西參道站下車後，再徒步約 10 分鐘
○ 票價：大人 1,300 日圓，中、小學生以下 450 日圓
○ 開放時間：8:00~17:00，16:30 前需入場；11 月至 3 月營業至 16:00，15:30 前需入場

1.2 整修中的陽明門 3 唐門 4 唐門內祭典 5.6 奧宮一景
7 日光之社寺石碑 8 眠貓

日光二荒山神社

　　日光市的世界遺產，包含東照宮、二荒山神社、輪王寺。二荒川神社建立的時期較東照宮早，祭祀總稱為二荒山大神的三神，分別是男體山、女峰山、太郎山，大約在奈良時期的末期，日光山的開山始祖勝道上人隱隱感覺到二荒山內有神靈，於是在此建立本宮神社，自古以來都是幕府與地方名門的信仰地，現在因為東照宮的知名度大幅增加，前來的觀光客多為參拜的教徒，與東照宮華麗的建築物相比，傳統的朱紅色色調較為莊嚴，也是日光山內最古老的建築物。

○ 網址：www.futarasan.jp
○ 交通：搭乘東武鐵道至東武日光站，或 JR 至日光車站，轉搭巴士至西參道下車步行約 5 分鐘
○ 票價：（二荒山神社）大人 200 日圓，中、小學生以下 100 日圓；（輪王寺三佛堂與大猷院）大人 900 日圓，中、小學生以下 400 日圓
○ 開放時間：8:00~17:00，16:30 前需入場；11 月至 3 月營業至 16:00，15:30 前需入場（二荒山神社自 9:00 起）。全年無休

1.2 二荒山神社 3 神橋

1 日光車站至中禪寺溫泉的
巴士周遊券 2 華嚴瀑布附近
3 華嚴瀑布

華嚴瀑布

　　是日光國立公園的瀑布，源頭為中禪寺湖，因湖底缺口與水壓的關係，造成湖底漏水，水流流下山谷，落差近 97 公尺的瀑布，是日本的三大名瀑布之一。日光所有的瀑布群，名稱都取自於佛經，華嚴瀑布就是其中之一。除了最上層的免費觀景平臺之外，另外設有付費的底層觀景臺，可以搭乘電梯往下，到瀑布最底處觀賞壯觀的瀑布。

　　因為華嚴瀑布與下文提到的中禪寺湖步行距離僅約 5 分鐘，若有意前來這兩個景點，可以在東武或 JR 日光車站內購買中禪寺溫泉 FREE PASS，票價 2,000 日圓，即可在日光車站與中禪寺溫泉之間的巴士站自由上下車，也可以在離東照宮最接近的西參道巴士站下車，省下一些車資。

○ 網址：kegon.jp/index.html
○ 交通：搭乘東武鐵道至東武日光站，或 JR 至日光車站，轉搭巴士約 40 分鐘，至中禪寺湖下車步行約 5 分鐘
○ 票價：（華嚴瀑布底層）大人 550 日圓，中、小學生以下 330 日圓
○ 開放時間：3 月、4 月、11 月 8:00-17:00，16:50 前需入場；5 月至 9 月 7:30-18:00，17:50 前需入場；10 月 7:30-17:00，16:50 前需入場；12 月至 2 月 9:00-16:30，16:20 前需入場。全年無休

3

中禪寺湖

　　先前提到華嚴瀑布的水源，即源出於此湖。因 20,000 年前，旁邊的男體山噴發所產生的堰塞湖，占地約 4 平方公里，除了是本縣最大的湖泊外，也是日本標高最高的湖泊，海拔 1,269 公尺。本地地勢較高之外，同時也是夏天避暑的地方，二戰後道路開通，使得此地更容易到達，春天的綠樹與秋天的紅葉是這裡風景最美麗的時間，也可以搭乘遊覽船環湖，享受悠閒的時光。

○ 交通：搭乘東武鐵道至東武日光站，或 JR 至日光車站，轉搭巴士約 40 分鐘，至中禪寺湖下車步行約 5 分鐘

1.2.3 中禪寺湖 4 太平寺 5 龍門瀑布 6.7 宇都宮餃子 8 佐野拉麵

龍門瀑布

在那珂川的支流處，有著寬 65 公尺、高 20 公尺的小瀑布，距離 JR 烏山線上瀧車站徒步約 5 分鐘，位於龍門故鄉的民藝館附近。這裡算是個私房的景點，觀光客較少知道此處，如讀者有幸來趟 JR 烏山線一日遊，建議可以在這裡中途下車，看看不同的瀑布。

宇都宮餃子

在宇都宮的市區裡可以找到數十家販賣煎餃的店面，這就要談到當初二戰時，日本從中國東北戰敗撤退後，連同煎餃子的功夫也一併帶回來，自此流傳至日本各地。日本較不常以水煮的方式料理水餃，而是用平底鍋以煎煮的方式烹調，至於味道如何，筆者認為比較像臺灣早餐店的風味，不過來到宇都宮，還是得多品嘗餃子一番，才不會有白來這趟的感覺。

佐野拉麵

佐野市的名產，麵的特色為利用竹桿滾動壓平略粗的麵條，配菜多為竹筍或白蔥、魚板與叉燒肉，加上少許醬油與雞湯湯底而成的拉麵，是關東北方獨特的風味，與日本其他各地的拉麵相比，味道較為清淡，有興趣的讀者可以嘗試看看。

茨城縣

＊更多著名景點

筑波山：搭乘 JR 常磐線至土浦車站，轉乘巴士約 1 小時抵達。

大洗水族館：搭乘大洗鹿島線至大洗車站，轉乘巴士約 10 分鐘抵達。JR 關東地區通票不可使用於大洗鹿島線，但可以從水戶搭乘至鹿島神宮。

現今的茨城縣範圍大部分為古常陸國的領地，縣中心水戶為縣治所在地，不遠處的偕樂園為日本三大名園之一。縣內的觀光地較為分散，從東京出發至水戶搭乘特急列車最快需要 1 小時 10 分鐘左右，自水戶往袋田瀑布、笠間神社、日立海濱公園，還需要一小段時間才能抵達，本縣的觀光不僅書內介紹部分，還有其他更好的地方待讀者發掘。

鹿島神宮

鹿島神宮是古常陸國最古老的神社，同時也是關東地區最古老的神社，更是全日本鹿島神宮的總本社。鹿島神宮所祭祀的對象為武甕鎚大神，是傳説中日本最強的武神、勝利之神，與鄰近的香取神宮經津主大神，為古時的日本建國使命挺身而出；在鹿島神宮創建的初期，神武天皇陷入前所未有的窮困時期，這時武甕鎚大神手中的神靈劍開始發威，解救神武天皇，至此武甕鎚大神被供奉在神宮裡。

到了幕府時代，知名的武將源賴朝與德川家康均對這位大神懷有至高的敬意，現在的社殿與奧宮、樓門，都被指定為國家的重要文化財，原本在鹿島神宮入口處，有一座木造的大鳥居，因為 311 地震而損毀，後來採用神宮境內的原木重新製作，近期將會重新矗立大鳥居。神宮內有飼養日本鹿，據傳天照大神將鹿作為神的使節，之後取名為鹿島，現在有專屬鹿群生活的鹿園，但不讓遊客餵食，只由園方人員進行飼養。

鹿島神宮每年例行性的祭祀活動是 9 月 1 日，每 12 年會舉辦水上的齋船祭，流傳自遠古傳説的應神天皇時代，是神宮內最大的祭典。

◯ 網址：kashimajingu.jp
◯ 交通：搭乘 JR 鹿島線至鹿島神宮站，步行約 10 分鐘

1 鹿島神宮 2 預定要修復的大鳥居 3 鹿島神宮內一景 4 鹿島神宮內飼養的鹿群 5 傳統的祭祀典禮 6 武甕鎚大神

日立海濱公園

　　茨城縣內最大的公園，面積比東京迪士尼樂園大五倍左右，公園內分成七大部分，大觀纜車與遊樂園區、森林步道區、山丘高原種植區、大草原區、里民之家區、海濱觀察園區及噴水廣場區。

　　每年 4 月會開水仙花，5 月為瑠璃唐草，10 月為大波斯菊與地膚，這三段期間山丘上都會種滿當季植物，為了這些盛開的植物而前來此地的觀光客相當多。每年 10 月第二及第四個星期日是免費入園日，這時地膚草已變成一片紅色，非常壯觀。

　　日立海濱公園離主要交通線路有段距離，除了從勝田車站搭乘巴士之外，也可以從勝田車站轉乘「ひたちかな海濱鐵道湊線」至「阿字ケ浦站」下車，步行約 25 分鐘至日立海濱公園南口。

♡ 網址：hitachikaihin.go.jp
♡ 交通：搭乘 JR 常磐線至勝田站，轉搭巴士至「海濱公園西口」站或「海濱公園南口」站，約 20 分鐘
♡ 票價：大人 400 日圓，65 歲以上 200 日圓，中、小學生以下 80 日圓
♡ 開放時間：9:30-17:00，7/20 至 8 月營業至 18:00，11 月至 2 月營業至 16:30。公休年末年始

1 日立海濱公園（南口）2 玫瑰花園 3 兒童樂園與大觀纜車 4 大草原 5 見晴之丘 6 里民之家區 7 公園西口的噴泉 8 袋田瀑布 9 底下觀瀑臺一景

袋田瀑布

　　袋田瀑布與華嚴瀑布、那智瀑布並列為日本三大名瀑。在距今 1,500 萬年前，這裡是海底火山的一部分，經過多年的地殼變動後，逐漸隆起成為現在所看到的山丘，袋田瀑布高 120 公尺、寬 73 公尺，水從四個大臺階奔流下來，因四臺階各有不小的段位差，又名為四段瀑布。

　　瀑布在險峻的山谷內，要正面觀賞到瀑布的壯觀氣勢需經過一段不算短的隧道；觀瀑平臺分為兩個部分，第一是在瀑布的底端，這裡可以直接面對瀑布，氣勢磅礴的水流不斷向下沖刷，但是在這裡無法看到整個瀑布的全貌；第二，再往隧道內部前進，搭乘電梯前往高處的觀瀑臺，在這裡就能看到四段瀑布的全景。在這裡四季的變化中，最迷人的莫過於秋、冬兩季，秋季時滿開的紅葉使得整個瀑布色彩繽紛，冬季時瀑布因氣溫降低而結冰，不過也不是每年瀑布都會結冰，還是需要靠點運氣才能看到。

　　另外，袋田瀑布地處偏僻，從水戶過來的班次較少，排行程的時候難免有些等待的空檔，不過既然好不容易來到這，就多花些時間親近大自然吧！

○ 交通：搭乘 JR 水郡線至袋田站，轉搭巴士至「袋田の滝行」站（終點）約 10 分鐘，再步行約 10 分鐘
○ 票價：大人 300 日圓，中、小學生以下 150 日圓
○ 開放時間：9:00~17:00，5 月至 10 月 8:00~18:00。全年無休

霞之浦

　　湖泊面積為 220 平方公里，僅次於近畿滋賀縣的琵琶湖。霞之浦從最西邊的土浦到最東邊的潮來，大約有 30 公里長，因具有獨特的水鄉景觀而成為觀光勝地，因水象較穩定，常有釣客與水上活動的愛好者來這裡從事水上運動。不過來霞之浦的交通較不方便，距離最近的鐵道線是 JR 常磐線土浦車站，2 公里遠有座霞之浦綜合公園，內有象徵歐式花園的風車，有展望臺可觀賞遼闊的霞之浦，平常也可以在此悠閒地散散步。

　交通：搭乘 JR 常磐線至土浦站，西口 1 番月臺搭乘 Kirara 巴士，C-course 霞之浦循環，左循環或右循環皆可到霞之浦公園，下車站牌為国民宿舍水鄉、オランダ風車、水鄉体育館

1.2.3 霞之浦公園內景色 4 笠間車站周邊景點 5.6.7 笠間神社

笠間神社

　　日本三大稻荷神社之一，自第三十六代孝德天皇創立，到目前為止已有 1,350 年的歷史，別名為胡桃下稻荷。所祭祀的神是宇迦之御魂命，主要保佑五穀豐盛、商業興隆，日本各地過來參拜的觀光客約每年 350 萬人，年初的參拜人數高達 80 萬人以上，是茨城縣的第一名。另外，受神的旨意在東京日本橋也建立起一座笠間神社東京分社，是本神社唯一的分社。御本殿是在江戶時代末期所建築的，與社內樹齡 400 年的大樹，同為茨城縣重要文化財產。

◇ 網址：www.kasama.or.jp
◇ 交通：搭乘 JR 水戶線至笠間站，步行約 20 分鐘

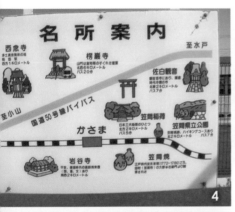

4

6

5

7

偕樂園

　　偕樂園是江戶時代後期，由水戶蕃的蕃主所下令興建，在千波湖畔的七面山上所開鑿連同千波湖周邊的部分，是世界面積第二大的都市公園。偕樂園是日本傳統林園的代表，「孟宗竹林」占偕樂園的西半部，園內以種植梅樹而著名；中央部分的好文亭是偕樂園的代表建築物，在二戰時期因戰火而損毀，經過復原後又回到了建築初期的樣子，好文亭的二樓能看到千波湖與梅林，是整個園內最佳的視野。

　　偕樂園初期為了能與民眾同享，逢尾數 3 或 8 的日期，會開放各地民眾入園，現在則不論何時皆能免費進入，符合不論身分一律平等的精神。每年的 2 月下旬至 3 月下旬，是園內梅花盛開的時期，逢週末都會舉辦盛大的梅花慶典，同時也吸引眾多的賞梅人潮。在梅花開花期間，JR 常磐線上的偕樂園車站會臨時開放，時間為周六日或假日的 9:10 至 15:30，各級列車均停靠，僅開放往水戶方向的列車停靠，往上野方向請至水戶車站搭乘。

○ 網址：www.koen.pref.ibaraki.jp/park/kairakuen01.html
○ 交通：搭乘 JR 常磐線至水戶站，轉乘巴士至偕樂園站（終點）約 10 分鐘，或步行約
　　25 分鐘。偕樂園車站開放期間，步行約 3 分鐘
○ 票價：（好文亭）大人 200 日圓，中、小學生以下 100 日圓
○ 開放時間：（好文亭）9:00-17:00，10/1 至 2/19 9:00-16:30；（偕樂園）6:00-19:00，
　　10/1 至 2/19 7:00-18:00。全年無休

1 單邊設站的偕樂園車站 2 盛開的梅花 3 常磐神社
4 偕樂園入口 5 偕樂園梅花林 6 偕樂園竹林 7 偕樂
園 8 好文亭內 9 見晴廣場 10 千波湖

山梨縣、長野縣

延伸景點「昇仙峽」：搭乘 JR 中央本線至甲府車站，轉乘巴士約半小時，但 12 月至 3 月間巴士班次大幅縮減，需留意。
中途下車之旅「石和溫泉」：搭乘 JR 中央本線至石和溫泉車站，站前有泡腳的地方。

兩地依日本的地域劃分在甲信越地區，但因 JR 關東地區通票也可使用於這兩縣的部分路段，因此本書仍就路線上的觀光景點作簡單介紹。在此地能用通票搭乘的鐵道路線，包含 JR 中央本線的新宿至小淵澤、小海線全線、長野新幹線的東京至佐久平，及富士急行線全線，大部分的觀光點交通仍然很方便，時間夠充足的話也可以來個中途下車之旅，沿線有不少的溫泉區。

世界遺產富士山

　　富士山下的山梨縣，周圍分布著五座淡水湖：山中湖、河口湖、西湖、本栖湖及精進湖，統稱富士五湖，是著名觀光勝地。

　　由於富士山是最具代表性的名山，也是日本人心目中偉大的聖山，儘管曾經有過修築纜車的計畫，但仍因怕破壞自然景觀故終止。而最接近富士山底下，且觀光設施最多的地方，以富士五湖之河口湖為代表，不僅可搭懷舊巴士，也可搭船遊湖，天氣晴朗時湖面上富士山的倒影相映，是這裡最棒的景色。

　　搭乘遊覽船的地點距離河口湖車站約 13 分鐘，同時附近尚有天上山公園的纜車，想遊湖或上山，順序倒是無妨；先從遊湖的觀光船說起，河口湖的遊覽船每隔半小時出航，需要的航程時間約為 20 分鐘，搭載乘客的是一艘仿南歐風格的遊覽船，出發後將會沿著湖中間的航線行駛，穿越過河口湖大橋後，接近富士五湖唯一的小島後，短暫緩慢行駛，在此欣賞完富士山後就開始回程，建議上船上的第二層甲板，視野較遼闊。距離不遠的天上山公園，依靠纜車作為上山的運輸工具，採用的是往復式纜車，間隔 5 到 10 分鐘間運轉，但上山人潮較多，也許會等待比較長的時間才能上山。

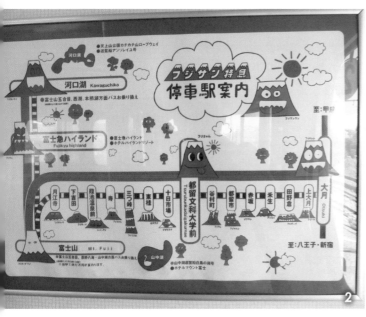

3

1 石和車站前泡腳的地方
2 富士山特急停車站 3 富士山特急

　　天上山公園又名為「卡奇卡奇山」，是日本知名作家太宰治以這座山為背景所寫的小說。公園裡，狐狸與兔子無所不在，山頂的活動範圍不大，只有一棟茶屋與一間兔子神社，另外還有日本各地都看得到、情侶的最愛，心形鐘，在富士山的見證下，會幸福喔！卡奇卡奇山的故事倒是滿特別的，一對老夫婦抓了一隻狐狸想煮成湯喝，不料卻被狐狸欺騙，狐狸反而將老婆婆煮成湯來喝，可憐的老爺爺傷心不已，兔子知道整件事後，就幫老爺爺展開報復行動，最後用火攻燒狐狸，狐狸忍受不了逃到船上，沒想到那正是兔子設的圈套，不久，船就沉沒，狐狸也跟著溺斃了，替死去的老婆婆討回公道。這故事雖然殘酷了點，但還算是有達到寓教於樂的目標，可愛的兔子與狐狸更因此成為攝影機下的合照熱門處；不過也別忽略富士山，畢竟它才是旅遊的主角呢。

富士山

- 網址：www.fujigokokisen.jp
- 交通：搭乘富士急行線至河口湖站，步行約 15 分鐘
- 遊覽船票價：大人 930 日圓，兒童 470 日圓
- 開放時間：9:00~16:30，黃金周與暑假至 17:30，每半小時開航。全年無休，但冬季積雪與惡劣天候時可能停航

天上山公園

- 網址：www.kachikachiyama-ropeway.com
- 纜車票價：（來回）大人 720 日圓，兒童 360 日圓
- 開放時間：9:00~17:00，冬季會縮短營業時間，每 5 至 10 分鐘一趟。全年無休，但惡劣天候時可能停止營運
- 另有組合套票大人 1,240 日圓，兒童 620 日圓，含纜車來回費用與單趟遊覽船

1 河口湖遊覽船碼頭 2 船內窗景 3 纜車內一景 4 遠方的富士急樂園 5 卡奇卡奇山的傳說由來 6 山頂上的瞭望臺 7 富士山 8 卡奇卡奇山纜車站

山上遠眺河口湖

高原列車・JR 小海線之旅

　　JR 小海線行經山梨縣與長野縣的全線所有車站，標高皆高於東京晴空塔，又因靠近山梨縣的路段沿著八之岳高原行進，而有「八之岳高原線」的別稱。其中路線上的野邊山車站，標高 1,345.7 公尺，為全日本 JR 線中海拔最高的車站。另外，路線上有少數班次，為 JR 東日本試驗性的採用少見的油電混合式柴油列車，讓柴油排放量不僅下降 10 個百分點左右，對於高山環境的保護更有正向作用；因此，JR 東日本將此列車賦予「小海君」（こうみくん）的別名。

　　八之岳高原底下的清里高原，平均海拔高度為 1,400 公尺，以 JR 清里車站為中心，為人口聚集的地點。來訪這座小村莊的觀光客，在夏季時大多為登山或避暑為目的；冬季時主要是以周邊的滑雪場為主。八之岳高原的群山之中，以赤岳為最高峰，標高 2,899 公尺，連同周邊的山岳，較適合中級以上程度的登山者前往。清里村周邊尚有數個牧場，夏季時眾多乳牛在此地被飼育，其中以八之岳牧場規模最大。另清里周邊尚有高爾夫球場、露營場與博物館，若行程許可的話可以前往參觀。清里村的櫻花季約在每年 4 月中旬之後，若不小心錯過了東京都內的櫻花季，此地環境較清新且觀光客不多，可以用較悠閒的心情觀賞櫻花。

　　在清里高原附近的野邊山，以野邊山車站為中心，同樣的也是避暑勝地，較不同的是，此點的聚落較稀疏，「JR 最高點車站中心」木柱位於車站月臺內，JR 線鐵道最高點石碑在車站外不遠處，標高 1,375 公尺。野邊山上有一知名的「國立天文臺野邊山宇宙電波觀測所」，巨大的電波望眼鏡可在列車車窗外看到，其主要功能在於研究宇宙與各行星的變化。有興趣的讀者，可於 JR 野邊山車站購買 JR 線最高地點乘車紀念車票，作為到此一遊的紀念。

○ 網址：www.jreast.co.jp/nagano/wakuwaku

1 JR 小海線各站印章
2 臼田地區一景

JR 小海線各站標高

站名	標高	所在地		
小淵沢	881	山梨縣	北杜市	
甲斐小泉	(6) 1,044			
甲斐大泉	(3) 1,158			
清里	(2) 1,274			
野辺山	(1) 1,345	長野縣	南佐久郡	南牧村
信濃川上	(4) 1,135			川上村
佐久	(5) 1,073			南牧村
佐久海ノ口	(7) 1,039			
海尻	(8) 1,034			
松原湖	(9) 967			小海町
小海	865			
馬流	841			
高岩	812			佐久穂町
八千	785			
海	755			
羽黒下	740			
青沼	722		佐久市	
臼田	709			
龍岡城	700			
太田部	685			
中込	673			
滑津	665			
北中込	692			
岩村田	705			
佐久平	701			
中佐都	699			
美里	703		小諸市	
三岡	705			
乙女	695			
東小諸	681			
小諸	663			

1

2

川上犬　　　撮影 篠原 輝

7

3

4

しなのかわかみ
信濃川上
Shinano-Kawakami
（長野県南佐久郡川上村）
のべやま　　さくひろせ
Nobeyama　Saku-Hirose

5

6

1 小海車站 2 JR 線最高點野邊山車站 3 野邊山車站 4 信濃川上車站 5 川上犬,來自長野縣的小型犬品種,毛色以黑色或茶色為主 6 清里車站 7 位於信濃川上站的二宮金次郎像,日本「報德思想」代表人物

🚃 輕井澤

　　江戶時代，輕井澤是中山道的一個宿場，在鐵道尚未開通前，這裡是旅人來往的必經之路，以現在的公路路線而言，大約是與長野縣道九號線平行，在古時交通不發達的同時，輕井澤周邊設有眾多旅館供往來的旅人住宿。

　　明治時代加拿大傳教士來訪，在此地興建別墅，加上原信越本線的鐵路通車（現在已由北陸新幹線取代其運輸功能）後，從此可直達東京，方便的交通讓輕井澤成為觀光勝地。輕井澤周邊地形的海拔約 1,000 公尺左右，7、8 月時平均最高氣溫約攝氏 25 度，也讓這裡成為眾所皆知的避暑地。現在，輕井澤車站南面有王子購物城，眾多名牌商品、體育用品、名產等紀念品，都在輕井澤設立專櫃，三不五時還有低價折扣商品，想血拼的讀者心動了嗎？在離購物中心的不遠處，還有高爾夫球場與滑雪場，對運動有興趣的您，也不要錯過來輕井澤的機會。

　　輕井澤車站北面，由於景點離車站較遠，建議在車站附近租借腳踏車前往，景點有雲場池與舊三笠旅館，其中舊三笠旅館是日本初期的西式旅館，為木結構的旅館建築，現在則已停止旅館的服務，改建為博物館供民眾參觀。

舊三笠旅館

○ 交通：搭乘 JR 北陸新幹線至輕井澤站
○ 票價：大人 400 日圓，兒童 200 日圓
○ 營業時間：9:00-17:00，16:30 前需入館。
　　公休 12/28 至 1/4

1.2 輕井澤購物中心 3.4 輕井澤附近的滑雪場

群馬縣

1

　地理位置已算是日本的中心點，縣內的高崎市雖不是縣政府所在地，但卻是各鐵道線的分歧點，本縣許多景點都需在高崎車站換車或轉乘其他交通工具，才能前往。縣內三大名山：赤城山、臻名山、妙義山擁有許多豐富的大自然資源，鐵道線上以草津、水上為最多溫泉聚集地，本縣的溫泉資源堪稱全國第一，號稱溫泉大縣。冬季時，縣北邊與新潟縣南部因山脈阻隔之故，積雪量遠比平地多出不少，也造就了許多滑雪場，當然，這裡也是距離東京都最近的滑雪區。

富岡製糸場

　　富岡製糸場是明治時代為了研發自動化製絲而最先設立的工廠。至於為何會設在群馬縣的富岡市？除了大面積用地之外，製絲還需要大量的蠶繭，剛好當時富岡市與周邊各市的養蠶業興盛，能長時間供應大量蠶繭；在製程的原料方面，製糸場鄰近鏑川，能滿足且就近取用製作過程中大量需要的水；而推動製絲機的燃料煤炭，則可開採自高崎市附近的吉井町。

　　基於以上的優點，在法國技師的建議之下，開始在此建造製絲工廠。十九世紀中期鎖國結束後開始大量出口生絲，但因為沒有現代化的設備輔助，而讓製作品質有下滑的趨勢，也間接地導致價格下跌的問題。直到富岡製糸場開始投入製絲的生產行列之後，生產品質才大幅度成長，之後因生絲的價格逐漸低迷，不得已才停止所有的生產運作。從開始生產至工廠完全停止生產，經歷了 115 年，廠內所有的建築物依舊保持完好，當時的建築以木材為骨架，由磚瓦一塊一塊構成，利用日本與西方的建築技術一一建造。現在，建廠時所有的建物，攪絲廠、蠶繭倉庫、女工館、檢查員館、伯內特館仍完好如初，已成為知名觀光景點。

1 纜車上風景一覽 2 富岡製糸場地圖 3 製糸場門口

在群馬縣歷經多年的努力後，富岡製糸場終於在 2014 年 6 月被世界遺產委員會宣布列入文化遺產。欲前往富岡製糸場的讀者，較划算的方法是利用 JR 關東地區通票搭至高崎車站，再轉乘上信電鐵，在上州富岡車站下車即可。

♡ 網址：www.tomioka-silk.jp/hp/index.html
♡ 交通：搭乘上信電鐵線至上州富岡站，步行約 12 分鐘
♡ 票價：大人 500 日圓，大學生與高中生 250 日圓，中、小學生 150 日圓
♡ 開放時間：9:00~17:00，16:30 前需入場。公休 12/29 至 12/31

1 場內地圖 2 東繭倉庫 3 倉庫內文物 4 檢查人館
5 富岡製糸場入場券與簡介 6 製糸場 7 西繭倉庫
前廣場

6

7

碓冰峠

位於長野縣與群馬縣的交界處，早期鐵道尚未通車時，經由這裡的中山道往來輕井澤是唯一路線，鐵道通車後輕井澤至東京趨於便利。然而這裡的鐵道坡度太陡，列車運輸量有限，為配合當時長野冬季奧運的運輸工作，日本政府計畫由群馬的高崎車站另外拉出一條新幹線至長野，稱為長野新幹線；2015 年 3 月，路線已延伸至金澤，更名為北陸新幹線。

長野新幹線通車之後，信越本線經由碓冰峠的輕井澤至橫川路段隨即廢止，為保存這裡的鐵道文化資產，遂在橫川車站附近興建碓冰峠鐵道文化村，將所有行駛過這個路段的火車保存於此，包括一開始行駛的蒸汽火車、近代電力火車等，文物則收藏在鐵道資料館裡。鐵道文化村裡還有親子同樂的設施，如搭乘迷你火車、登上火車的運轉臺，還有模型火車運轉體驗。

橫川與輕井澤間的交通由 JR 巴士營運，持有 JR 關東地區通票者無法搭乘巴士，需另行支付單程票價 510 日圓（兒童 260 日圓）。

○ 網址：www.usuitouge.com/bunkamura
○ 交通：搭乘 JR 信越本線至橫川站，步行約 3 分鐘
○ 票價：（鐵道文化村）中學生以上 500 日圓，小學生 300 日圓
○ 開放時間：9:00~16:30，16:00 前需入場；3 月至 10 月 9:00~17:00，16:30 前需入場。
　公休周二、12/29 至 1/4

模型電車場地

1

群馬的蒸汽火車

　　關東地區有定期蒸汽火車班次的只有群馬縣，逢周六日或例假日都有運行，路線有高崎至水上的班次「SL みなかみ」、高崎至橫川的班次「SL レトロ碓氷」。往水上的班次去程與回程都是蒸汽車頭牽引，路途中會沿著利根川而行，終點站水上則是個溫泉鄉，周圍有十數個溫泉旅館。往橫川運行的班次僅有單趟為蒸汽火車牽引，另一趟則由柴油火車牽引，至於怎麼安排，詳情請洽詢 JR 東日本高崎支社的臨時列車班次表。

　　由於 SL 開頭的蒸汽火車，等級皆為快速，全車皆為指定席，需先劃位才能搭乘。如持有 JR 關東地區通票，直接至綠色窗口劃位即可；持有青春 18 車票或北海道 & 東日本 PASS 者，需另行支付 520 日圓的指定席座位費。

○ 網址：www.jreast.co.jp/takasaki

1 C6120 蒸汽火車 2 高崎發
出的觀光列車 3 車廂內座位
4 D51498+ 舊型車輛 5 圓形
的蒸汽火車便當 6 水上車站
前商店

1 GALA 湯澤車站大廳 2 雪具租賃金額一覽 3 雪靴與雪板 4 上山纜車 5 滑雪場纜車與坡道 6.7 滑雪場頂端一覽 8 越後湯澤車站內展示品

越後湯澤

　　越後湯澤在新潟縣南部，因全年約有五個月的時間處於積雪狀態而有「雪國」的稱號，也因此周邊才會有眾多的滑雪場。另外，這裡的天然溫泉也是全日本知名，越後湯澤車站附近就有十數家旅館，絕大部分都有附設浴池或足湯，住宿時可順便泡個溫泉消除疲勞。越後湯澤車站裡的 CoCoLo 湯澤是個複合式商場，除了餐廳外，還有著名的清酒博物館、爆彈飯糰、南魚沼白米、新潟縣限定的特產等，種類繁多，在此都能滿足讀者的需求。

　　提到滑雪，利用 JR 關東地區通票與 Gala Option Ticket 的組合，可從東京直達越後湯澤的 GALA 滑雪場（P017）。在 GALA 湯澤車站下車後，門口前的櫃檯就是滑雪場的門票販售處，滑雪的費用除了門票外，還包含雪具租賃費用，購買門票時出示 JR 關東地區通票，將享租賃雪具的優惠價。在此可以看到眾多自備滑雪用具的日本人，購買門票後直接往滑雪場前進；對於外國人而言，租雪具看起來是個麻煩的事情，不過 GALA 湯澤滑雪場有會說英文與中文的工作人員，讓整個過程方便許多。在搭纜車去滑雪之前，須準備好雪靴與雪板，對於第一次穿上雪靴的新手來說，覺得很難走路是很正常的，可以先適應一下腳感再搭纜車上去，或許會比較好。

　　搭上纜車後，前往滑雪場的途中，雪國極致景色一覽無遺，不管從哪個視野看都是白茫茫一片，也離地面越來越遠了，大約十幾分鐘的時間，山頂上的滑雪場終於到了。山頂的滑雪小屋，裡面是個小型的餐廳與休憩場所，還有滑雪用的周邊裝備；熟悉了底下的環境之後，選取適合自己身高的雪杖，就開始前往山頂滑雪吧。面對纜車站前有兩條纜車道，左側往初級雪道，右側會往中高級雪道滑雪，小屋旁還有一條給初級者熱身的滑雪道，如果不太會抓平衡感的話先往小屋旁的纜車道上去練習，等到抓到技巧不太會摔倒之後，再前往難度比較高的初級雪道。

　　經過了一番激烈的滑雪運動，想必累了吧！回程往 GALA 車站時，有個 GALA 的湯屋，可以泡個溫泉放鬆身體，如果還有時間的話，GALA 湯澤與越後湯澤間有免費的接駁公車，晚上 6:45 前，大約 20 至 30 分鐘一班車，搭乘時間約 5 分鐘，車站裡的 CoCoLo 湯澤商場也值得一逛。

○ 網址：www.galaresort.jp/winter
○ 交通：搭乘 JR 上越新幹線至 GALA 湯澤站
○ 票價：依照時間分為半天與全天票，雪具租賃需另外加收費用
○ 營業時間：8:00~17:00，4 月 6 日後縮短營業時間為 16:00。雪季期內無休

東京都

　　本書要介紹的東京都，是都內 23 區以外的部分，讀者不需要購買高價位的通票也能到達各景點。本章節的奧多摩湖、御岳溪谷，是屬於人口較稀少的地方，其餘景點都位於人口稠密的區塊，從東京都心內出發，只需要 1 小時就能輕鬆抵達，想來趟輕旅行又不想跑太遠的地方，本章節的景點就能符合需求。

1

1 高尾山的山頂景色 2 JR 高尾車站 3 高尾車站的天狗石像 4 高尾山纜車站 5 纜車

高尾山

　　距離東京都心不過 50 公里左右的高尾山，由於距離近的緣故是個可輕鬆一日遊的最佳去處。高尾山標高 599 公尺，登山的難度也不算高，但是高尾山口至高尾山這段路會比較陡些，除了全程徒步上山之外，也可搭乘纜索纜車與空中纜車至高尾山站，再徒步前往高尾山頂。總之，前往高尾山頂的路徑相當多元，可以依照自己的體力去選擇登山的方式。

　　往高尾山頂途中會經過藥王院，此寺院為關東三大本山之一的真言宗智山派，在距今 1,300 年前在此創立的寺院，現在被指定為文化財保護。經過了一段距離之後，高尾山頂也差不多抵達了，如天氣狀況較佳時，往東京方向望去可以看到新宿的高樓群，反方向則可以看到富士山，到了 11 月賞楓葉期間，高尾山更是擠滿了賞楓人潮。

從東京出發可搭乘 JR 中央線，從新宿出發可搭乘京王電鐵線至高尾山口，交通相當便利。且從新宿出可購買京王電鐵高尾山套票，來回搭乘京王線新宿至高尾山口的電車，與高尾山口至高尾山的兩種纜車。

・票價：京王電鐵來回＋高尾山纜車來回 1,380 日圓，京王電鐵來回＋高尾山纜車單程 1,020 日圓。

♡ 網址：www.takaotozan.co.jp/index.htm
♡ 纜車票：纜索纜車與空中纜車的單程票價 480 日圓，來回票價 930 日圓

1 開運章魚像 2 高尾山藥王院 3 高尾山山頂上
4 掃地小僧 5 奧多摩車站 6 奧多摩湖 7 水庫上
方步道 8 展望臺

奧多摩湖

　　奧多摩町位於東京都的最西部，是面積最大的行政區之一。從東京一直往 JR 青梅線沿多摩川向上，峽谷地形讓鐵道線彎彎曲曲，大約 2 小時後才會抵達終點奧多摩車站，車站本身也相當古老，是關東車站百選之一。

　　奧多摩車站距離奧多摩湖約巴士 20 分鐘的車程，單趟車資 350 日圓，奧多摩湖畔有個偌大的人工水庫，早期東京都人口激增，因此有水源短缺的問題，經過一連串的地質調查後，才決定在多摩川上流處建立小河內水庫，來解決日後可能的問題。小河內水庫興建完成後，除了水土保持的作用之外，還兼具水力發電的功能，這裡的觀光價值算是附帶的。水庫上方建立了三層樓高的觀景臺，除了可以從高處觀賞水庫的景色，展覽室內對於水庫興築過程與方法均有詳細解說，帶有教育的功能。

　　這裡的賞櫻季節在每年 4 月中期，奧多摩湖畔的公園盛開的櫻花樹與山谷的綠色調明顯有著強烈的對比，且賞櫻人潮不多，很適合悠閒的緩慢步調；賞楓季則是在 11 月初期，因地勢較高，紅葉開花的時間會比平地區域還早些，向來是預測楓葉開花期的最前線地區，同時也是東京近郊最佳賞楓地點之一。

> ○ 交通：搭乘 JR 青梅線至奧多摩站，
> 轉乘巴士約 15-20 分鐘

1 御岳溪谷 2 溪谷步道 3 泛舟的所在地 4 車站內赤塚不二夫的漫畫人物，天才笨蛋阿松像 5 鐵道模型 6 列車的銘版 7 模擬運轉臺 8 保存著許多蒸汽火車

御岳溪谷

　　御岳也是在 JR 青梅線上的一座小站，車站前不遠處就是多摩川。自御岳站起至澤井站為止，沿著溪谷兩岸旁有長達 2 公里左右的御岳溪步道，這裡同樣也是賞楓的名所，沿著多摩川步道前進，途中的溪谷水質相當清澈，巨石與河水交錯使得水流相當湍急，也因此這一段河流非常適合泛舟，夏季時常會看到許多愛好者在這裡挑戰泛舟極限。

　　這裡除了楓葉期以外，平常也是個空氣清新的好地方，附近的御岳山是個宗教聖地，標高 929 公尺，自御岳車站前搭乘巴士約 10 分鐘，到達滝本纜車站，搭乘御岳登山鐵道前往御岳山，探訪武藏御岳神社，也可以遠眺關東的風景，御岳山就是如此令人感到心靈祥和的好地方。

> ○ 交通：搭乘 JR 青梅線至御岳站，步行約 3 分鐘

青梅鐵道公園

青梅鐵道公園在車站後方的丘陵地上，展示許多曾經縱橫過日本的蒸汽機關車。由於腹地較小的緣故，整個場地看起來偏向兒童公園，但是門票僅 100 日圓，常會有附近的居民帶小孩前來此地。展覽館內展示許多日本現役或退役的火車照片，當然也有軌道模型的場景，整點時工作人員會讓所有的火車模型同時運作，這時是場內最熱鬧的時候。整個鐵道公園除了數輛蒸汽火車之外，還有一部日本的元祖新幹線車頭，開放可讓遊客入內參觀，也可以坐在車廂裡休息片刻。

○ 網址：www.ejrcf.or.jp/ome
○ 交通：搭乘 JR 青梅線至青梅站，步行約 15 分鐘
○ 票價：大人 100 日圓，70 歲以上長者免費
○ 開放時間：3 月至 10 月 10:00~17:30，17:00 前需入園；
　　11 月至 2 月 10:00~16:30，16:00 前需入園。公休周一、
　　年末年始

昭和紀念公園

　　東京都內占地最大的紀念公園，以慶祝昭和天皇在位五十周年，原址過去是美軍的立川飛行場，現開闢為具保護自然環境功能，與大規模災害發生時能迅速容納大量避難人潮的多功能公園。

　　巨大的公園走個 1、2 小時以上也不是什麼大不了的事，從最靠近車站的西立川口開始公園的旅程或許會比較好些，進入公園後眼前看到的是水鳥之池，這一帶的設施都跟水有關聯，舉凡水上腳踏船、親水公園等，夏季時最吸引全家大小來戲水。再遠一點的廣場區有片廣大的綠地，面積超過兩個東京巨蛋，周圍設施還包含輕食區、烤肉區、溪流廣場森林徒步區，隨時都能看到一批批校外教學的學生，堪稱是郊遊的最佳場所。

　　更內部為龐大的森林區，功用在於抵禦關東地方特有的北風，裡面還包著一塊廣大的日本庭園，景觀上比起知名的庭園較為樸素，但風格也算特殊。公園內還有貼心的腳踏車租借服務，3 小時內只需花費 410 日圓（中學生以下費用為 260 日圓），就可以讓您輕鬆的在公園內「趴趴造」（臺語），不失為一種選擇。

♡ 網址：www.showakinen-koen.jp
♡ 交通：搭乘 JR 青梅線至西立川站，步行約 2 分鐘；或至立川站，步行約 15 分鐘
♡ 票價：大人 410 日圓，65 歲以上 200 日圓，中、小學生以下 80 日圓
♡ 營業時間：11 月至 2 月 9:30-16:30，其餘時間 9:30~17:00，7 至 9 月會再延長營業時間。
　　公休年末年始

1 昭和公園西立川口 2 烤肉區 3 日式庭園 4 大草原 5 野罌粟花群 6 廣場噴泉 7 立川口花圃

江戶東京建築園

　　位於小金井市的小金井公園內，保存著兩個時代的建築群見證歷史變遷。園內依照建築物的來源種類分成三大區塊，依序為古民家風情、官邸庭園造景、下町商業發展區。

　　首先是入口處的光華殿，包含售票窗口與紀念品販賣部，另有展示東京地區史前文物的武藏野鄉土資料館；同一區塊的宅邸為政治家「高橋是清」在東京都港區赤坂的故居，當時運用許多琉璃與紙門窗及所謂的高價裝飾品，舊建築物與庭園的一部分被重建於此，完全展現同時代中的豪宅風範。另一塊農家的展示區，經歷明治、大正、昭和前期，與同時期的外來風格建築物形成強烈的對比，雖是以茅草搭建的屋頂，但屋內的格局跟現在日本所謂的和室相差無幾，在當時也算是很另類的豪宅。

　　在下町風情的商店街中，有古早味的醬油店、花店、文具店、化妝品店，除了商店外，子寶湯屋算是風格獨特的澡堂，不僅玄關上的雕刻造型，澡堂內還運用瓷磚與牆面創造出許多藝術作品，保存的畫像也說明當時入浴的想像場面。建築園占地頗大，建議想仔細參觀的讀者大約可留 3 小時以上的時間，慢慢的欣賞各類建築風格。

○ 網址：tatemonoen.jp
○ 交通：搭乘 JR 中央線至東小金井或武藏小金井站下車，步行約 25 分鐘。或在武藏小金井北口 2、3 號月臺搭乘西武巴士至「小金井公園西口」站，在武藏小金井北口 4 號月臺搭乘關東巴士至「江戶東京たてもの園前」站，在東小金井北口 4 號月臺搭乘 COCO 巴士至「たてもの園前入口」站，均約 5 分鐘抵達
○ 票價：大人 400 日圓，65 歲以上、高中生、中學生 200 日圓
○ 營業時間：4 月至 9 月 9:30~17:30，17:00 前需入園；10 月至 3 月 9:30~16:30，16:00 前需入園。公休周一、年末年始

1 光華殿 2 綱島家（農家）3 高橋是清邸 4 高橋是清邸內部 5 東京都交通局舊型電車 6 下町街道 7 子寶湯屋

吉卜力美術館

　　本館收錄宮崎駿的相關作品與原始底稿，館外也布置許多各動畫出現過的場景，並販售相關的周邊商品。吉卜力不論在假日與否都是人潮眾多，且館內完全禁止拍照與錄影，也請讀者多多配合。

　　門票的部分，在日本當地可透過 LAWSON 便利商店的售票機購買，在臺灣的部分由東南旅行社代售票券。以筆者經驗，在日本當地的部分，當月 10 日 10:00 起可以預購次月分的入場券，但一開放次月分售票時，假日場次都會呈現秒殺的情況，平日場次則會只剩 16:00 後入場的時段，所以在安排此地行程時，能越早購入票券越好，美術館本身並不販售票券，請注意。

　　臺灣所代理的票券價格為 550 臺幣，但沒有入場時間限制，只要能在最晚 16:00 的場次內進入館內即可；在日本 LAWSON 售出的票券，可在 10:00、12:00、14:00、16:00 入場，且必須在入場時間的半小時內進入觀賞，筆者也建議花 2 小時

1 龍貓售票亭 2 美術館入口 3 館內一景 4 草帽咖啡廳 5 屋頂的天空之城士兵 6 吉卜力美術館門票

以上的時間逛完整座美術館。

　　館內的重點，1 樓的土星座放映室會播放約 15 分鐘的短片，放映室的入場券在入館時出示 LAWSON 或臺灣代購的票券時取得，記得在營業時間結束前觀賞即可，影片內容約一個月會更換一次，隔一段時間觀看也不會看到重複的影片；3 樓有可供小孩遊玩的龍貓公車大玩偶；其他館內部分，固定一段時間都會展出特別展，且會於展示數個月後換新主題，所以每次來吉卜力美術館，都能看到不同主題的展示物。

○ 網址：www.ghibli-museum.jp
○ 交通：搭乘 JR 中央線至三鷹站或吉祥寺站，步行約 15~20 分鐘；或在三鷹站南口搭乘公車約 5 分鐘抵達
○ 票價：大人 1,000 日圓，高中生、中學生 700 日圓，小學生 400 日圓
○ 開放時間：10:00~18:00。公休周二，其他特殊休館日請參考官網

井之頭恩賜公園

　　東京近郊的公園，距離吉祥寺車站南口徒步僅 5 分鐘的路程，如要前往吉卜力美術館時，可以順道經過此處。井之頭恩賜公園自古以來就是賞櫻名所之一，湖旁盛開的櫻花在花季時吸引眾多遊客，平常時期則為當地居民散步的地點，也可租腳踏船遊湖。公園不遠處的井之頭自然文化園則是比較小型的動物園，分為兩個區塊，靠近井之頭公園區塊偏向水生動植物的展示，本園部分則為常見的哺乳類動物，規模略小於上野動物園，如果沒有堅持一定要觀賞熊貓的話，井之頭自然文化園倒是頗值得入園。

○ 網址：公園 www.kensetsu.metro.tokyo.jp/seibuk/inokashira，自然文化園 www.tokyo-zoo.net/zoo/ino
○ 票價：大人 400 日圓，65 歲以上 200 日圓，中學生 150 日圓
○ 營業時間：9:30~17:00，16:00 前需入園。公休周一、年末年始

1.2 井之頭恩賜公園 3 井之頭自然文化園水生分園 4 吉祥寺商店街內

吉祥寺商圈

位於吉祥寺車站北口的商圈，3C 產品、藥妝店、服飾店、雜貨小店林立，由於商圈集中的緣故，很多年輕族群常會在此流連忘返，也難怪會被票選為東京最適合居住的地方。以旅遊的角度來說，可以安排傍晚後的時段，在此享用晚餐，順便採購戰利品回國。

行程小提示

在機場或東京都內的觀光諮詢臺皆可取得東京都觀光指南，內附都內全圖、23 區地圖與鐵道路線圖，並簡單介紹東京都內各景點。觀光指南有多語言版本，若拿日文以外的版本，只要前往指南內各項需要門票的觀光設施，在購買門票時出示指南就可以享有 8 折折扣，以本書提到的景點為例，江戶東京建築園與井之頭自然文化園即可使用這項優惠。

東京觀光指南

CH3

關於日本，
還要知道……

在日本要住哪？

　　日本絕大多數的旅館都是 Check-in 時才付住宿費，不需先行支付訂金，只需要在網路上或經由電話聯繫等方式訂房即可；若要取消訂房，請在住宿前最少三天與旅館聯繫，先不論是否會有罰金問題，難免會有人抱持著「人在臺灣，不取消對方也沒轍」的心態，但這樣只會降低日本對臺灣的好感，賠上國家形象，實為不智。

　　日本有很多連鎖型旅館，關東地區等級比較高的旅館多在東京都 23 區內，中階以下的價位按分布來看，東橫 INN 在關東的密度最高，其次為 SUPER HOTEL，想多看幾家的讀者，也可以至 JALAN、樂天等訂房網站搜尋，以下介紹幾家筆者常投宿的旅館。

連鎖飯店

東橫 INN

　　日本知名的連鎖旅館之一，都設在交通方便的地方，如車站附近徒步 10 分鐘內的距離，東橫 INN 在日本全國上下的房間裝潢與設施都採統一規格，房間大小除了東京都內的分館，其餘分館房間空間還算寬敞，成田機場分館更是特例，空間寬敞到一個不行。

　　加入東橫 INN 的會員很容易，只要在櫃檯前拍張個人照以製作會員卡，再繳交 1,500 日圓的入會費，就可以享有 6 個月前預訂房間的權利，周一至周五訂房有 5% 折扣，假日訂房有 20% 折扣，最早可於日本時間下午 3:00 Check-in，至於其他優惠還包括連續住宿兩晚以上，第二天房價可以減少 300 日圓（但飯店人員不會清掃房間、補充用品）。非會員在網路預訂房間時，Check-in 當天在旅館櫃檯申辦會員卡同樣即可適用會員價格；隔日早餐時間大約在早上 7:00 至 9:00 間，飯糰、吐司、麵包、味噌湯、咖啡是基本款，其餘的菜色會隨著不同分館而有少許變化。

　　東橫 INN 接近機場的旅館分店、或者離車站有段距離的分館會有接送服務，請參考網站。對於初次要預訂日本住宿的讀者來說，誠摯建議先從東橫 INN 開始，網站且有英文與中文介面，較容易上手。

・ 網址：www.toyoko-inn.com

東橫 INN 在成田機場分館的房間格局

東橫 INN 的早餐

SUPER HOTEL

也是日本知名的連鎖旅館之一，加入 SUPER HOTEL 會員只需要上網註冊，不需要手續費用。但有折扣或特殊服務的房間只能在日文版網頁操作，如果使用英文或中文版介面只能選擇原價，這點對不熟悉日文但又想要有訂房折扣的讀者來說比較吃虧。SUPER HOTEL 的早餐以麵包搭配生菜為主，還有免費且不限次數的飲料販賣機（紙杯裝），某些分館甚至有溫泉，有興趣的讀者可以試試。單就筆者個人感想，SUPER HOTEL 的房間與早餐品質皆略高於東橫 INN。

· 網址：www.superhotel.co.jp

工具網站推薦

JALAN

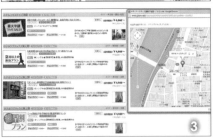

日本較具規模的網路訂房服務網站，這個網站上的旅館價位分布也較廣，有繁體中文介面可訂房，但日文版介面對於旅館介紹還是較為詳細，只是至少需要基本日文能力才能夠了解大致內容。JALAN 網站內，旅館、民宿、青年旅館各類型態的住宿皆可自由選擇，加入會員之後，每次訂房會贈送 2% 的點數（有機會因為網站的活動最高贈送 5% 的點數），可於下次訂房時折抵住房費用，每 100 點數折抵 200 日圓。

所有訂房的住宿費用都是當天 Check-in 時才繳費，不需支付任何訂金，如果行程有變更，也請在入住日 2 至 3 天前取消訂房，把空房讓給其他需要的顧客。當然，這個網站可以在篩選時設定一個地區內最便宜的住宿點，或者是人氣最高的旅館，訂購的時候也可以加選是否需要早餐、晚餐等，絕大部分較便宜的價位自然不會附早餐，甚至如果住在比較偏僻的地方，還可能要自行攜帶零食入住。

· 網址：www.jalan.net

1 SUPER HOTEL 的標準房間格局 2 JALAN 的首頁搜尋 3 有圖案或文字提示這個房間有特價 4 MAPION 首頁 5 查詢湘南海岸的地圖 6 JORUDAN 首頁 7 查詢東京至宇都宮的交通時間

MAPION

　　除了 google map 之外，較好用的日本電子地圖就是 MAPION，優點是地圖的反應速度快，連眾多日本人常去的便利商店、牛肉蓋飯連鎖店、速食店都會以小圖案表示位置，更進一步的功能是可以顯示現在地圖中心點的氣溫、氣候、風速與海拔高度；但缺點是無法顯示建築物內的店家名稱，且店家名稱也無法直接連結該地點的網頁。建議與 google map 合併使用以達到最佳查詢效果。

・網址：www.mapion.co.jp

JORUDAN（ジョルダン）

　　查詢日本各種鐵道、巴士、飛機的時刻表網站，直接輸入起終點的站名就可以顯示最短時間或最省錢的搭車路線，也可以只查詢某種特定交通工具的搭乘時間，另外還有青春 18 模式，可以只查詢起終點所搭乘的非對號列車。其他搜尋功能還包括特定車站的所有列車發車時間，各車站內部的地圖查詢，車站周邊的旅館查詢。唯一的缺點是，只有新幹線列車能像紙本路線般查詢時刻表，其餘只能按車站別查詢發車時間，如果要推算或臨時更改行程，重新查詢會比較耗時間，可能需要搭配其他網站，如以下要介紹的 EKIKARA。

・網址：www.jorudan.co.jp

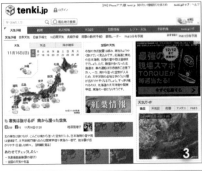

EKIKARA（えきから）

　　比較偏向於查詢鐵道的時刻表網站，可以彌補 JORUDAN 無法直接查詢各鐵道路線時刻表的缺點，也可以用懶人法作點對點的直接查詢。對於不想受制於點對點間只能按最短時間作行程安排的人，可以用這個網站自行安排時間較充裕的行程，畢竟如果每個轉車時間都算得太緊，萬一發生狀況行程必定大亂，預留些時間停下腳步，或許可以看到很多不同的人事物。

・網址：www.ekikara.jp

TENKI（てんき）

　　日本官方的氣象網站，可查詢天氣預報、即時天氣概況、空氣品質等。日本天氣預報以 3 小時為單位，自 0:00 至 24:00 一天共 8 個單位，如果有緊急狀況如地震、豪大雨、暴雪，也會另外在網頁上註明特報。對於楓葉或櫻花等特殊時期的開花季，會在全日本的各著名勝地公布開花情況。多參考天氣情況，可以在日本當地排出更適當的行程，當然也有預測失準的情況，這時就要考驗各位讀者的應變能力了。

・網址：www.tenki.jp

1 EKIKARA 首頁 2 查詢 JR 東北本線的時刻表模式
3 TENKI 首頁 4 查詢各地楓葉的開花情報

牛肉飯

　　在日本，牛肉飯連鎖店密度可能僅次於便利商店，對於想快速解決用餐的上班族或學生而言，這類型的連鎖店是很好的選擇，從點餐到用餐完畢不過 10 分鐘出頭，筆者其實對於日本人很快速解決一餐的能力相當佩服，但或許對日本人來說是再平常不過的事吧。當然，這些店都可以外帶回住處享用。

　　基本上，除了牛肉飯之外，尚有咖哩牛肉飯、雞肉飯、豬肉飯等不同菜色的餐點或套餐，日本的牛肉飯普遍沒有配菜，需另外再多點套餐，以生菜沙拉為主，可搭配和風醬、胡麻醬、千島醬，湯品為味噌湯，以下簡單介紹一下日本能見度較高的牛肉飯專賣店。

吉野家

　　大家所熟知，也是日本最早的牛肉飯專賣店，第一家吉野家在現今築地市場內，至今仍然維持著只販售純牛肉飯的傳統，其餘分店因多角化經營而有販售豬肉與雞肉飯。若想追求吉野家最真實的口味，就親自到日本品嘗一番吧！目前在日本分店的店鋪數僅次於「すき家」。

・ 網址：www.yoshinoya.com

すき家

　　販賣的主力也是牛肉飯，跟其他競爭對手較不同的是會不定時推出各項玩具，只要加 150 日圓就可以得到一隻當期玩具。若想換點口味，筆者建議點雞肉飯，價位也合理。目前すき家在日本的店鋪數已是全日本第一，想要不看到是有點難。

・ 網址：www.sukiya.jp

1 吉野家的豬肉丼飯 2 吉野家的牛肉丼飯 3 すき家的牛肉丼飯 4 すき家的雞肉丼飯 5 神戶らんぷ亭的牛肉丼飯 6 松屋的生薑燒定食 7 松屋的牛肉定食

神戶らんぷ亭

　　店內販賣以米食料理為主，分為牛肉飯、豬排飯、咖哩牛肉飯、鯖魚料理定食，名為神戶，實際上店鋪全分布在東京、神奈川一帶，算是比較小規模的連鎖店，牛肉口味較其他家偏鹹，適合喜愛重口味的人享用。

・ 網址：www.kobelamptei.co.jp

松屋

　　主力除牛、豬肉飯之外，還有烏龍麵、鐵板料理可供選擇。與其他連鎖店相比，牛肉口味偏向清淡，若不適應日本料理的重口味，松屋將是您的好選擇，當然，吧檯上的調味料也可以適度的調整味道。不懂日文的旅行者來這也不用擔心，松屋的點餐方式為食券販賣機，只要在機器上點餐，將食券交給店員，一切就都搞定了。

・ 網址：www.matsuyafoods.co.jp

なか卯

　　販賣主力偏向烏龍麵，也有牛肉搭配烏龍麵的組合。較特別的是，有很多種不同口味的飯類與烏龍麵所搭配的組合，一次可以享用兩種不同的主食，但分量就會稍微縮減，兩種主食都會以小碗的分量販售。點餐部分同樣為食券販賣機，飲品則是提供免費熱茶。

・網址：www.nakau.co.jp

牛丼太郎

　　以前為連鎖型態的牛肉飯專賣店，現在僅剩代代木車站東口的店面，並更名為丼太郎。對於一碗分量特大的牛肉飯價格還不到 500 日圓銅板，有著讓人意想不到的吸引力；這家店另一項奇怪的特產就是「納豆飯」，但味道吃起來如何？就有待勇者去品嘗品嘗囉！

各類型餐廳

名代宇奈とと

主力為販賣各類型的鰻魚飯，因鰻魚成本偏高，所以想吃到完整的鰻魚飯得多花不少銀兩。為了讓更多的消費者能吃到它，推出了一款輕量級的鰻魚飯，搭配較小塊的鰻魚，只要一枚 500 日圓的硬幣就能享用，但若想要完整的吃到一整條的鰻魚，千元鈔還是得準備好。

· 網址：www.unatoto.com

1 なか卯的牛肉丼飯 2 なか卯的牛肉＋烏龍麵組合套餐 3 牛丼太郎的菜單與價位表 4 牛丼太郎的牛肉丼飯 5 名代宇奈とと的菜單與價位表 6 名代宇奈とと的鰻魚飯（小）7 名代宇奈とと的鰻魚重飯

てんや

　　專門販售搭配炸物的米飯類，主要為炸蝦、帆立貝、蓮藕、芋頭、南瓜、茄子所組成的套餐或便當，看起來金黃酥脆，實際上吃起來也不會有太重的油膩感，淋上店內特製的醬汁感覺上真的很入味。每個月的 18 日就是所謂的「てんや日」，天丼飯只要 390 日圓，只想要吃個「粗飽」（臺語）的話，選對日子就 OK 了。

・ 網址：www.tenya.co.jp

かつや

　　專門販售炸豬排飯的連鎖店，價位對於日本人來說算是平價料理，點餐的豬肉分量由大至小依序為松、竹、梅三種，一般男性食量大約落在竹的等級。但湯汁的部分可視需要再跟店員加點，或是直接點定食套餐就有附湯汁，喝膩了味噌湯換個口味也不錯。

・ 網址：www.arclandservice.co.jp/katsuya

1 てんや的天丼飯，附 100 日圓抵用券 2 てんや的元祖天丼飯 3 かつや的海老丼飯 4 かつや的豬排丼飯 5 餃子の王将的餃子 6 築地銀章魚燒

餃子の王将

日本的餃子就是煎餃，這家專賣店實際上販賣種類還包含眾多中華料理，也兼賣中式拉麵，餃子只能算是這家店的前菜。但為何要去日本吃中華料理？其實日本有無數的小型中華餐館，對於較不習慣日式餐點的人來說，這裡倒是可以滿足家鄉味，有別於日本式較生冷的菜色，熱炒青菜系列的中華料理，可以維持食的均衡。

‧ 網址：www.ohsho.co.jp

日本築地銀だこ

只販賣章魚燒的專門店，在日本各地都有店鋪，旗下的築地銀炒麵、築地銀鯛魚燒分別由不同品牌經營，與臺灣全部結合在一起的經營模式不同。賣點就是非常大顆的章魚燒，內含餡料與章魚塊，一舟放入 8 個章魚燒，加上美乃滋與醬料，當作正餐也能達到七至八分飽的程度，值得品嘗。

‧ 網址：www.gindaco.com

壽司屋

　　在日本的壽司專門店，店面幾乎不算大，座位普遍都在 10 位左右，但是裡面的食材新鮮度都是一等一，用餐時師傅會親手幫客人現做壽司，直接送到客人面前，也可以跟師傅互動聊天。但此類型的壽司店，人工成本高，為保持壽司的品質，無法常與顧客互動，壽司單價普遍較高，故此類型的壽司店僅存在於都會區內。

迴轉壽司

　　為了解決普通壽司店人力不足的問題，日本人運用啤酒輸送帶的概念，將壽司與其他甜點放在迴轉臺上讓顧客享用，若迴轉臺上剛好沒有想吃的壽司，也可以直接跟師傅點，或使用點餐機將壽司送到顧客面前。由於在迴轉臺上的壽司會乾得比較快，所以日本人在轉動的壽司餐盤上都貼有 IC 標籤，記錄壽司的製作時間，如果超過一定時間，該餐盤會自動將壽司集中丟棄，避免吃到不新鮮的壽司。也因此這類型的店面可以容納較多的客人，更可以在郊區直接設點，讓家庭式的顧客享用壽司。

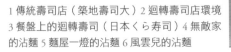

1 傳統壽司店（築地壽司大）2 迴轉壽司店環境
3 餐盤上的迴轉壽司（日本くら寿司）4 無敵家
的沾麵 5 麵屋一燈的沾麵 6 風雲兒的沾麵

各種麵類

　　一般日本式的拉麵，基本款為搭配筍子與叉燒的自製麵條，但現今拉麵的發展百花齊放，除了一蘭、博多風龍等拉麵連鎖店，還有為數眾多的個人風格拉麵店。

　　對於一般的臺灣人而言，吃重口味的日本拉麵會比較不習慣，吃到最後必須要喝上一杯白開水才能消除食物的味道，但這拉麵的味道，才是精華之所在。至於其他的麵類，除了蕎麥麵與烏龍麵之外，另外還有特殊風格的沾麵；沾麵與其他麵類的製作過程稍微繁複許多，因為要吃到彈牙的麵條，在麵條煮熟之後必須過冷水才能達到彈性，當然，麵條比起拉麵也會粗上許多。較正統的沾麵汁會比較濃稠，麵條放入沾汁依照各人喜好可全部放入或只放入一部分，麵吃完的時候也可以請店員將沾汁稀釋，變成可以入口的湯品。除了拉麵連鎖店之外，在日本的麵專門店，一半以上都會同時販賣拉麵與沾麵，以吸引不同喜好的客群。

1 丸龜製麵的半價烏龍麵 2 名代 富士そば
的豬肉蕎麥麵 3 幸楽苑的叉燒麵＋叉燒飯
組合 4 一蘭拉麵 5 座位有木板隔開

日本丸亀製麵

　　專門販賣烏龍麵料理的專門店，除了烏龍麵之外，還搭配著炸物與飯糰類作
為配菜，最特別的釜揚烏龍麵，容器是用木桶作成的，看起來很大一碗。每月 1
日是丸龜製麵的日子，釜揚烏龍麵以半價促銷，點著特大碗的烏龍麵，搭配其他
炸物就可以吃得飽飽飽！

‧ 網址：www.toridoll.com/shop/marugame

名代 富士そば

　　店的販賣主力偏向蕎麥麵料理，或者蕎麥麵與飯混搭的組合套餐，店鋪多集
中在東京都與神奈川、埼玉、千葉三縣，在關東所有麵料理連鎖店中，幾乎都是
最靠近車站的地點，因餐點分量較為中等且便宜，因此很多日本上班族會來這家
店快速的解決一餐。

‧ 網址：fujisoba.co.jp

幸楽苑

　　偏向中華式的拉麵店，販售主力是各種口味的叉燒拉麵，也有其他可搭配的料理，如餃子、小碗的叉燒飯等。這家店的經營以郊區為主，在人口眾多的東京都內據點較少，適合時間較充裕的讀者。

・網址：www.kourakuen.co.jp

一蘭

　　臺灣人比較熟悉的拉麵店，主力也僅有一款拉麵，不過湯濃度、麵的硬度、蔥、辣度可以自行選擇，座位會以木板區隔鄰座，較有隱密的空間；唯加點麵、飯、叉燒等小菜，必須另外支付費用。

・網址：www.ichiran.co.jp/index_hp.html

博多風龍

拉麵的專門店，店鋪完全分布在 JR 山手線附近，僅販賣三種口味的拉麵，分別為豚骨、黑麻油、辛味噌豚骨拉麵，這家的優勢在於可以自己選擇麵的硬度，還可以加點最多兩次的麵，完全免費。

· 網址：fu-ryu.net

其他特殊店面

お菓子まちおか

主要以關東地區為主力的連鎖型零嘴專賣店，店鋪與便利商店相比算是偏小，販賣零食的種類卻是遠超過便利商店，也普遍比較便宜。這類型的商店在首都圈因為租金與用地考量，與大型的 AEON 量販店相比，更能深入寸土寸金的都內生存，觀光客在挑選名產的同時，可以挑些日本當地的零嘴當戰利品帶回臺灣。

· 網址：www.machioka.co.jp

金券屋

在日本各地的車站附近，尤其是東京都內，很常看到此種販賣各種票券的店面。主要是販賣單程車票、新幹線或少數航空票券，另外也有販售電影票、各種樂園或展覽、棒球賽的特殊票券，或者是收購其他人較不需要的股東優待券來販售，例如吉野家、松屋等有固定面額的食事優待券。

通常店內販賣的價格會比票面上的價格便宜一些，如果票面的使用期限越接近，越會有讓人意想不到的價格，筆者曾經買過東京巨蛋的指定席 D 兌換券，但因為票券當天就到期且離開賽時間很近，換到座位的機率可說是零，只能當作以指定站立地點的立席券販賣，以東京巨蛋立席券的販賣價 1,000 日圓來說，筆者很幸運的以 100 日圓買到了入場券並看完整場球賽，但站著看了 3 小時的球賽也不輕鬆就是了。在新宿車站東口附近，就有近十家的店面經營販賣票券，可說是挖寶的大本營，但也要花點時間去尋找想要的便宜折扣票券。

1 博多風龍的豚骨拉麵 2 お菓子まちおかの店面 3 在新宿東口附近的金券屋店面 4 所販賣的票券非常多種

特別企劃

行程安排

　　截至 2014 年 6 月為止,日本關東地區總計有日光的神社、富士山、富岡製系場評定為世界遺產,這些地方除了富士山有季節限制性的入山之外,其他兩個世界遺產都能近距離的觀賞,至於富士山的觀賞地點仍然以河口湖為最佳選擇,如果想要一次走完三個世界遺產,JR 關東地區通票會是最佳的選擇。行程表則由筆者試安排之,假設住宿地皆以東京或山手線內為出發點,在早上 7:00 至 8:00 出發如下:

	第一天	第二天		第三天
行程	富士山	日光的神社		富岡製糸場
車種	特急或中央特快	東京出發	新幹線	新幹線
		新宿出發	特急日光	
轉車點	大月	搭乘新幹線者，需在宇都宮轉車		在高崎換乘上信電鐵線
目的地	河口湖	JR 日光		上州富岡
		搭乘特急日光為東武日光		
搭車時間	最快約2小時20分	最快約1小時50分		最快約1小時45分
		特急日光為2小時		
可停留時間	河口湖+卡奇卡奇山：4小時	東照宮+華嚴瀑布+中禪寺湖：5-6小時		富岡製糸場：1.5小時

　　晚上回到東京市內估計約為晚上 7:00 左右，富岡製糸場因行程較短，可以自行再安排其他行程，這樣三天就能充份利用 JR 關東地區通票了，且不會有太大的行程壓迫感。

1 富士山 2 日光東照宮內 3 富岡製糸場

日本的一年四季

春

　　提到春天，櫻花就是屬於這時期的主角之一，關東地區附近的櫻花季，根據品種，第一個是 1 月底至 3 月初開花的河津櫻，屬於日本的雜交型品種，花期較長且顏色較粉紅，屬於日本本州地區較早開花的品種；第二個是日本各地較常見的染井吉野櫻，在關東地區的開花期約在 3 月底至 4 月初之間，緯度往北，開花期會略往後延，從開花至滿開、滿開至花謝各會經歷一周的時間，花期約在半個月左右。

　　除了東京都內的賞櫻名所，關東地區坐電車也能到的地方，依序為井之頭恩賜公園、小金井公園、昭和紀念公園、熊谷櫻堤（JR 高崎線熊谷站）、長瀞的櫻花（秩父鐵道）、大宮公園、衣笠山公園（JR 橫須賀線衣笠站）、小田原城。至於巷弄間也有各民家或小型公園的櫻花樹，規模沒有上述地點盛大就是了。

1

夏

　　夏天的盛事，不外乎是日本各地的地方性盆踊
（民俗性舞蹈）、花火大會，這兩個活動都有著共
同的特點，接近傍晚時才會舉辦此類活動，且同時
會有攤販販售小吃或刨冰，由於活動較長，日本花
火大動輒就是數 10 分鐘的煙火，多數民眾都是鋪
個坐墊席地而坐，順便享用帶來的餐點，煙火結束
前提早離開，避免被塞在路途中。除了東京都都內
的花火秀，關東地區內也有數場為地方舉辦的煙火
大會，詳情請搜尋關鍵字「全国花火大會」。

　　溫馨小提醒，在 7 月底至 8 月底時，關東地區
的日間溫度有時會接近攝氏 40 度，可盡量安排在
有冷氣的地方從事旅遊活動。

1 新宿御苑內櫻花 2 盆踊大會舞臺 3 煙火 4 一旁的攤販

秋

秋天，很直覺的就會聯想到紅葉與銀杏，這兩種植物也是同一生長狀態的情形，關東地區每年 11 月中至 12 月初是這兩種植物的盛開時期。不過紅葉與銀杏存在的時間會比櫻花稍微久些，只要在開花的時間來日本幾乎都能看得到。銀杏的話，都內的東京大學、明治神宮外苑是最著名的，關東區域內，能見度較高的就只有昭和紀念公園。

關於紅葉，分布的地點較廣泛，從關東北邊的日光、袋田瀑布，到離東京都心較近的高尾山、河口湖、奧多摩，橫濱的鶴岡八幡宮，千葉的成田山公園，都是紅葉較密集的名所，開花情形詳見日本各入口網站。

1 紅葉 2 銀杏樹 3 一家人在堆雪人

冬

在這個時期聯想到的就是雪，不過，關東平原區冬季下雪的機會雖然很高，但次數並不多，冬季大部分的時間，氣候屬於乾燥的狀態，除了攜帶衣物保暖之外，有必要的話也要帶護手霜，或者是手套。

一旦碰到大雪，交通有可能因積雪會有停擺的狀況，這時就必須減少不必要的外出，等待交通順暢後再出門比較好。另積雪時，地面會非常溼滑，行走在雪上時務必穿上雪靴或者以緩慢的步伐行走，以免滑倒。

❸

國家圖書館出版品預行編目資料

日本關東的鐵道散步 / 陳家弘著. — 初版. — 臺北
市：華成圖書, 2015.07
　面；　公分. —（自主行系列；B6164）
ISBN 978-986-192-249-2（平裝）

1. 火車旅行 2. 日本關東

731.7209　　　　　　　　　　　　　　104008456

自主行系列　B6164

日本關東的 鐵道散步

作　　者／電車弘（陳家弘）

出版發行／華杏出版機構
　　　　　華成圖書出版股份有限公司
　　　　　www.far-reaching.com.tw
　　　　　台北市10059新生南路一段50-2號7樓
　　　　　戶　　名　華成圖書出版股份有限公司
　　　　　郵政劃撥　19590886
　　　　　e-mail　huacheng@farseeing.com.tw
　　　　　電　　話　02-23921167
　　　　　傳　　真　02-23225455
　　　　　華杏網址　www.farseeing.com.tw
　　　　　e-mail　fars@ms6.hinet.net
　　　　　華成創辦人　　郭麗群
　　　　　發 行 人　　蕭聿雯
　　　　　總 經 理　　熊　芸
　　　　　法 律 顧 問　　蕭雄淋・陳淑貞

　　　　　總 編 輯　　周慧珥
　　　　　企 劃 主 編　　蔡承恩
　　　　　企 劃 編 輯　　林逸叡
　　　　　執 行 編 輯　　袁若喬
　　　　　美 術 設 計　　陳琪叡

定　　　價／以封底定價為準

出 版 印 刷／2015年7月初版1刷

總 經 銷／知己圖書股份有限公司
　　　　　台中市工業區30路1號　　電話　04-23595819　　傳真　04-23597123

版權所有　翻印必究 Printed in Taiwan　　◆本書如有缺頁、破損或裝訂錯誤，請寄回總經銷更換◆

☻讀者回函卡

謝謝您購買此書，為了加強對讀者的服務，請詳細填寫本回函卡，寄回給我們（免貼郵票）或 E-mail至huacheng@farseeing.com.tw給予建議，您即可不定期收到本公司的出版訊息！

您所購買的書名/＿＿＿＿＿＿＿＿＿＿＿　購買書店名/＿＿＿＿＿＿＿＿＿

您的姓名/＿＿＿＿＿＿＿＿＿＿＿＿　聯絡電話/＿＿＿＿＿＿＿＿＿

您的性別/□男 □女　　您的生日/西元＿＿＿＿年＿＿月＿＿日

您的通訊地址/□□□□□＿＿＿＿＿＿＿＿＿＿＿＿＿＿＿＿

您的電子郵件信箱/＿＿＿＿＿＿＿＿＿＿＿＿＿＿＿＿＿＿

您的職業/□學生 □軍公教 □金融 □服務 □資訊 □製造 □自由 □傳播
　　　　□農漁牧 □家管 □退休 □其他

您的學歷/□國中（含以下） □高中（職） □大學（大專） □研究所（含以上）

您從何處得知本書訊息/（可複選）

□書店 □網路 □報紙 □雜誌 □電視 □廣播 □他人推薦 □其他

您經常的購書習慣/（可複選）

□書店購買 □網路購書 □傳真訂購 □郵政劃撥 □其他＿＿＿＿＿＿＿＿

您覺得本書價格/□合理 □偏高 □便宜

您對本書的評價（請填代號/ 1.非常滿意 2.滿意 3.尚可 4.不滿意 5.非常不滿意）

封面設計＿＿＿　版面編排＿＿＿　書名＿＿＿　內容＿＿＿　文筆＿＿＿

您對於讀完本書後感到/□收穫很大 □有點小收穫 □沒有收穫

您會推薦本書給別人嗎/□會 □不會 □不一定

您希望閱讀到什麼類型的書籍/＿＿＿＿＿＿＿＿＿＿＿＿＿＿＿＿＿＿

您對本書及我們的建議/

www.far-reaching.com.tw

廣 告 回 信
台 北 郵 局 登 記 證
台 北 廣 字 第 000526 號

免 貼 郵 票

〔華杏出版機構〕

華成圖書出版股份有限公司　　收

台北市10059新生南路一段50-1號4F　　TEL/02-23921167

（沿線剪下）

（對折黏貼後，即可直接郵寄）